METAMAX 便携式气体分析仪

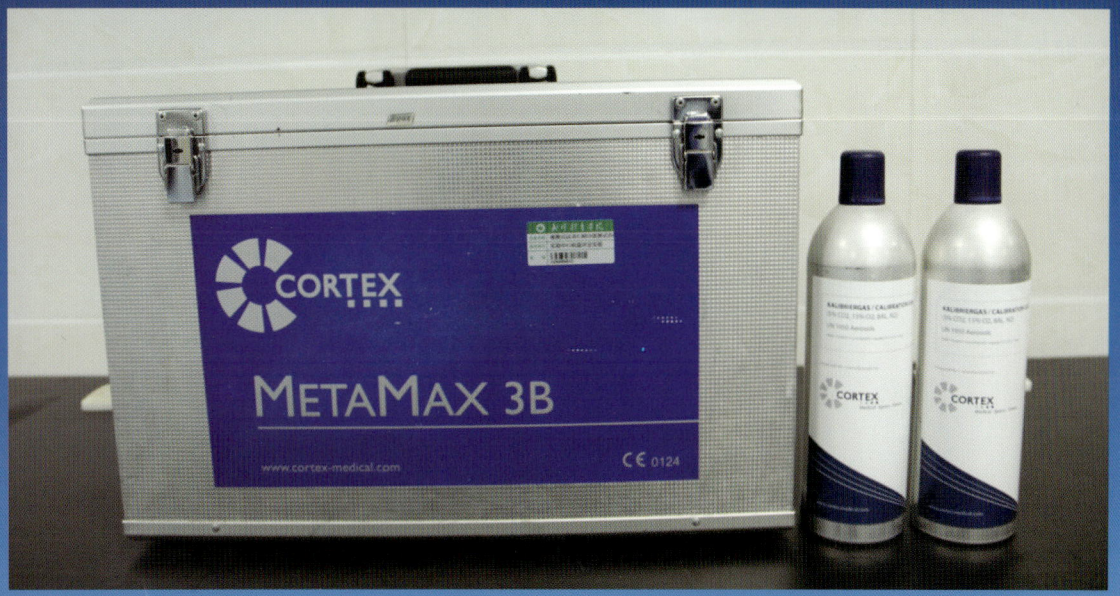

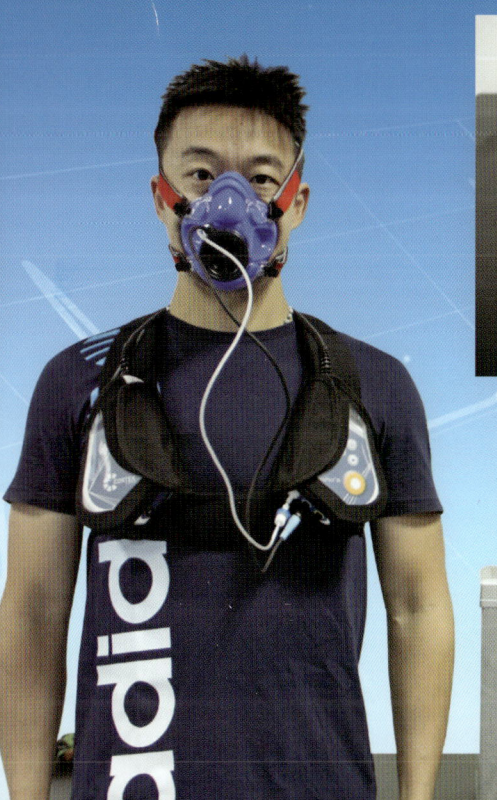

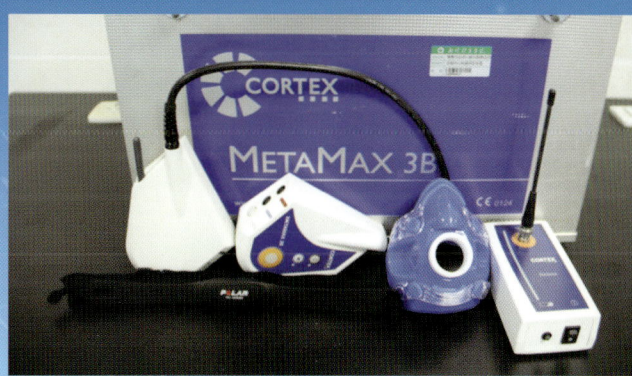

METAMAX 便携式气体分析仪

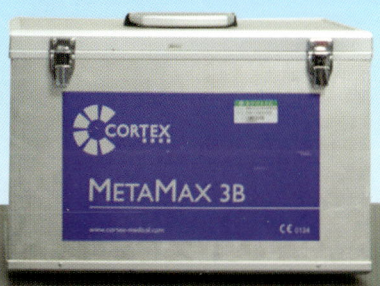

测试项目

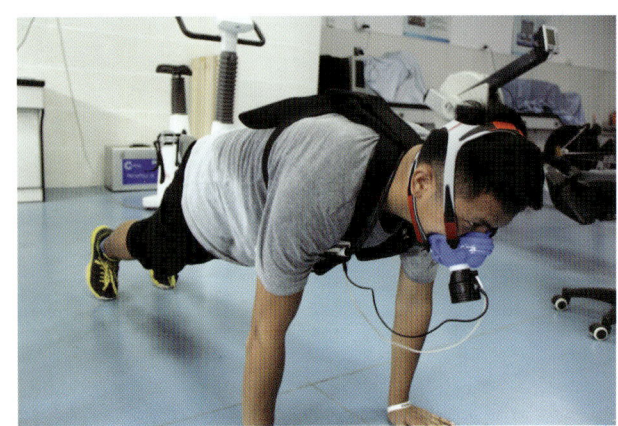
俯卧撑

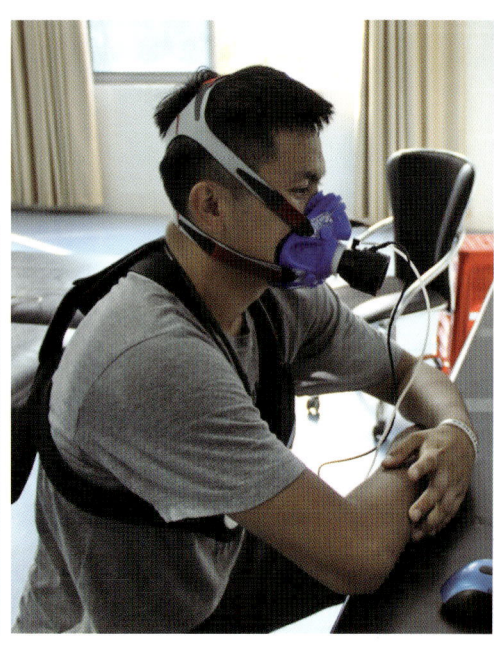
伏案

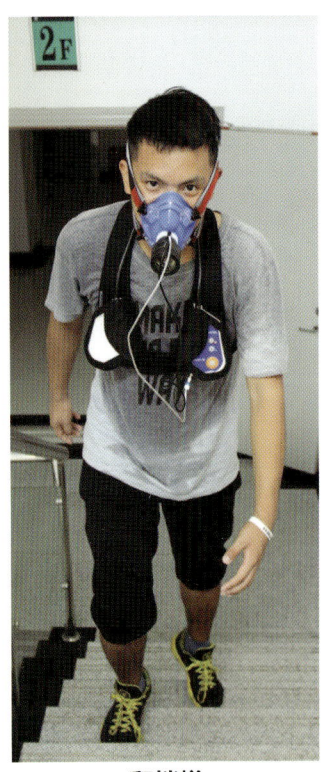
爬楼梯

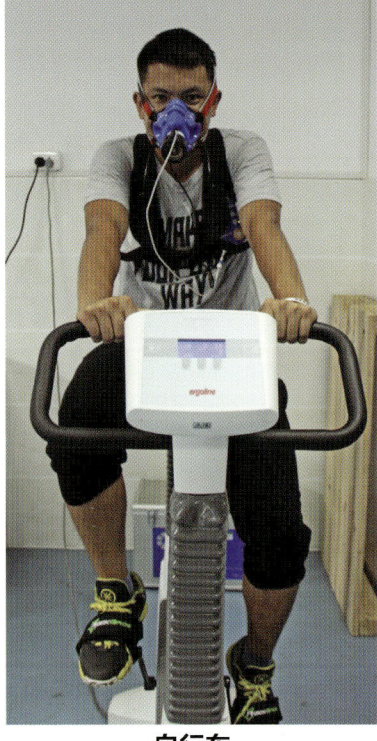
自行车

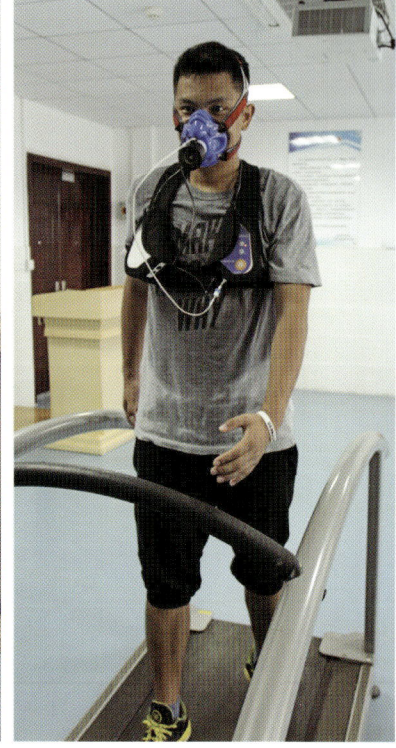
走、跑

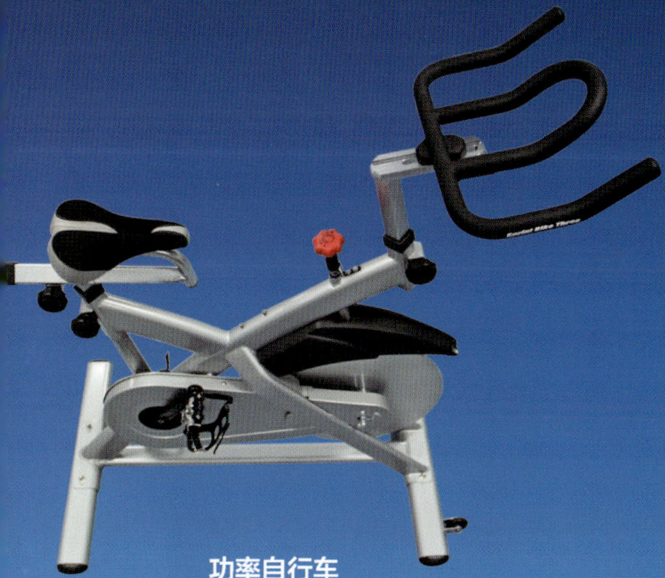

青少年体质调查与能量消耗模型研究

功率自行车

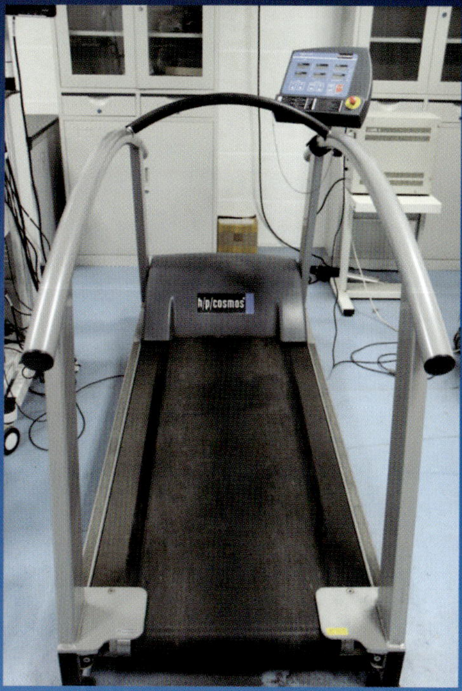

跑台

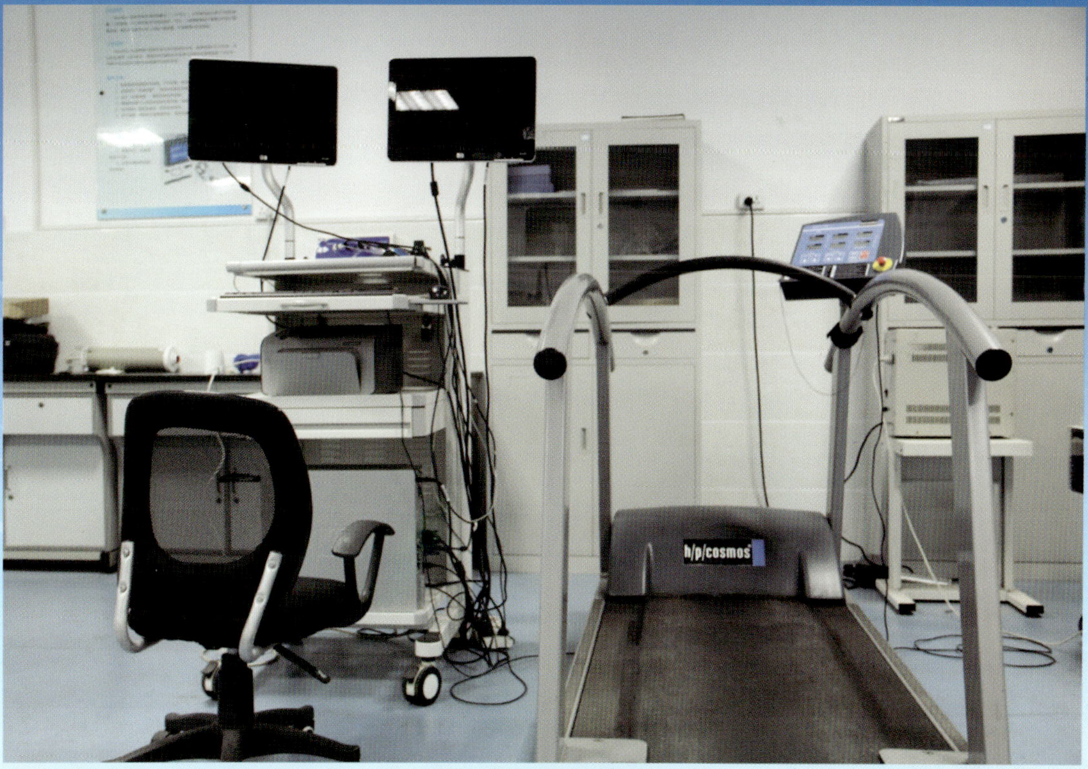

跑台能耗分析套组

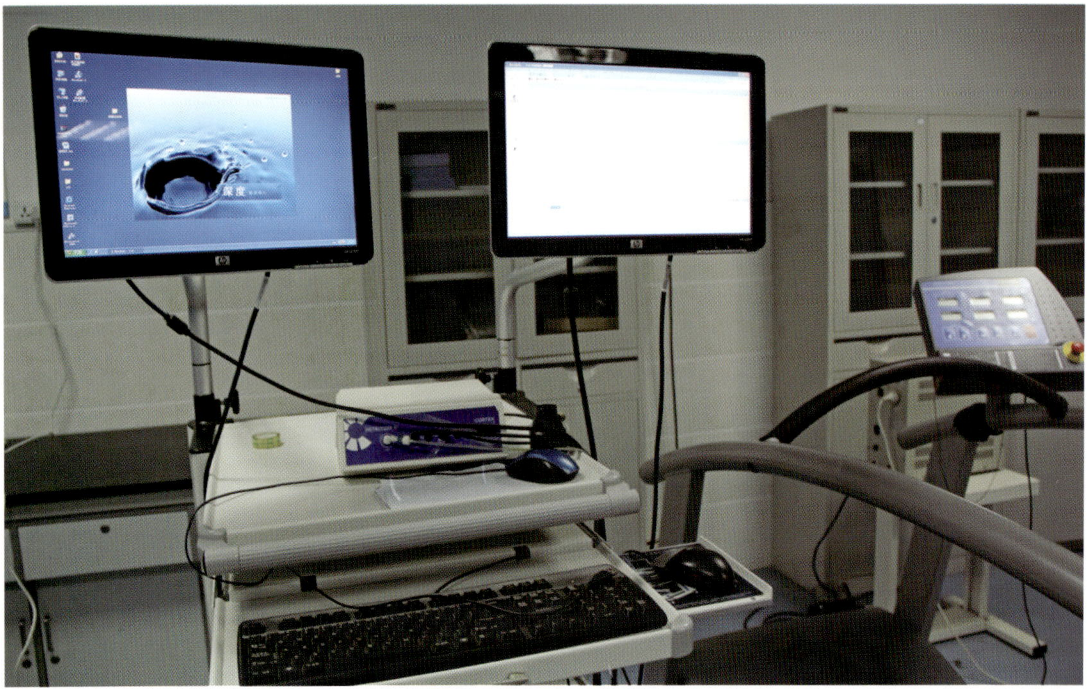

青少年体质调查与能量消耗模型研究

台式能耗分析仪

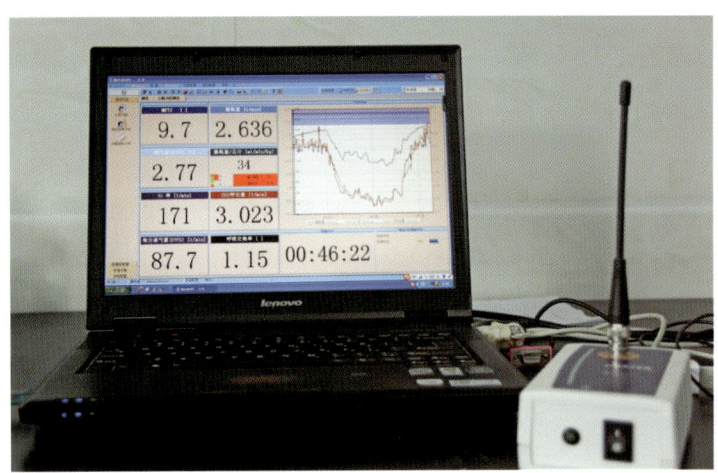

软件界面

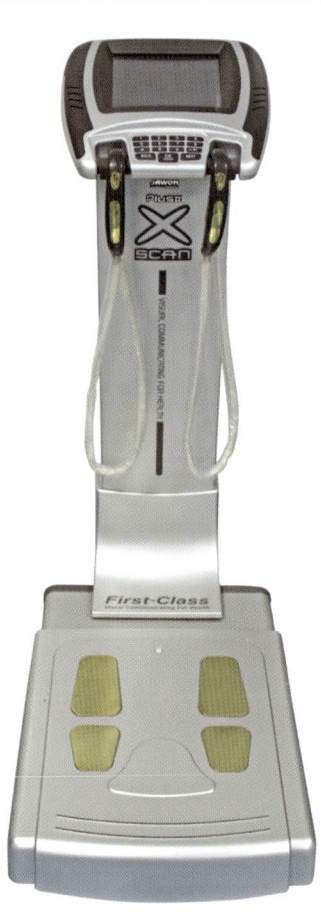

体成分分析仪

运动干预与健康促进湖北省协同创新中心 系列丛书

青少年体质调查与能量消耗模型研究

Qingshaonian Tizhi Diaocha yu Nengliang Xiaohao Moxing Yanjiu

刘丹松 著

中国地质大学出版社
ZHONGGUO DIZHI DAXUE CHUBANSHE

图书在版编目(CIP)数据

青少年体质调查与能量消耗模型研究/刘丹松著. —武汉:中国地质大学出版社,2015.11
ISBN 978-7-5625-3701-4

Ⅰ.①青…
Ⅱ.①刘…
Ⅲ.①大学生-体质-研究-中国②大学生-能量消耗(运动生理)-研究-中国
Ⅳ.①G807.4

中国版本图书馆 CIP 数据核字(2015)第 282524 号

青少年体质调查与能量消耗模型研究			刘丹松 著
责任编辑:段连秀	策划编辑:张 华		责任校对:张咏梅

出版发行:中国地质大学出版社(武汉市洪山区鲁磨路388号)	邮政编码:430074
电 话:(027)67883511 传真:67883580	E-mail:cbb@cug.edu.cn
经 销:全国新华书店	http://www.cugp.cug.edu.cn
开本:787毫米×960毫米 1/16	字数:250千字 印张:12.25 图版:4
版次:2015年11月第1版	印次:2015年11月第1次印刷
印刷:武汉教文印刷厂	印数:1—1 000 册
ISBN 978-7-5625-3701-4	定价:68.00元

如有印装质量问题请与印刷厂联系调换

前言

增强青少年体质,促进青少年健康成长,是关系到国家和民族未来发展的大事。广大青少年拥有强健的体魄、健康的身心、坚强的意志、活力充沛的身体,是一个民族旺盛生命力的体现,是社会文明进步的重要标志。自20世纪80年代以来,我国青少年体育教育事业得到了蓬勃发展,学校体育工作得到了进一步加强,各种体育制度、设施逐步完善,其举措有效地增强了青少年体质和健康促进。21世纪初,党和政府以全新的理念,将国民健身体系建设纳入小康社会发展之中,全面推行《全民健身计划纲要》的贯彻与实施,提高全民族的健康素质。自2000年以来,先后制定并完成了《国民体质测定标准》和《国家学生体质健康标准》,并逐步在全社会推广实施,为国家社会经济建设和全民健身运动提供了科学的理论与实践依据。

青少年体质与健康研究一直备受关注。国内外众多研究表明,人体体质的优劣与日常体力活动和健康的生活习惯有着直接关系。2002年以来,我国《国家学生体质健康标准》测试结果证实:青少年学生的体能素质全面下降(力量、速度、耐力等),心肺功能越来越差,超重和肥胖比例明显增加,视力不良率居高不下。究其原因:第一,学校片面追求升学率,使得学生课业负担过重,休息和体育锻炼时间严重不足;第二,社会体育设施和条件不足,使得课外体育健身活动难以保证;第三,不良生活习惯的养成对青少年身心健康的影响日臻严重。随着体力活动与体质健康之间关系的进一步明确,体力活动能耗的监测及运动干预方式逐渐成为新的研究热点,寻求一种便捷、精确、实用的体力活动能耗监测方法,对人体进行体力活动产生的能量消耗进行有效地计算与评估,成为增强体质与健康促进的新手段。因此,本研究将以此为基础,通过对受试青少年学生的体质水平进行测试,初步掌握其体质健康水平,利用加速度传感器对日常体力活动过程进行监控,构建能量消耗模型,寻找连接体力活动对增强体质与健康促进的桥梁。

  鉴于本课题研究的需要,广东省高等院校学科建设专项资金项目(课题编号:2012WYM-0008)的部分研究内容,与本书的第一章体质概述、第二章体质监控研究进展和第三章青少年体质与健康研究合作研究完成,为其共同科研成果。

  由于著者的水平有限,时间仓促,书中错误之外在所难免,恳请同行专家学者批评指正。

  本书在编写过程中,曾参考了同行专家学者的相关文献资料,并引用了有关专家学者的研究成果,在此一并表示感谢。

刘丹松
2015 年 10 月

提　要

1. 研究目的

根据《国家学生体质健康标准》(2014 年修订)(以下简称为《标准》)内容(见附录一),对大学生体质进行测试,探讨体力活动与体质健康的关系。通过间接测热法对常见体力活动项目进行能量消耗测量,构建基于三维加速度的能量消耗预测方程,探索准确、便捷、高效的能量消耗监测方法。

2. 研究方法

(1)以 800 名非体育专业大学生为测试对象,依据《标准》内容分别对身体形态、身体机能和身体素质三个方面共九个项目进行测试,同时使用 2013 年《国家学生体质健康标准》测试卡片(大学),对大学生个人课余活动与参加体育锻炼的情况进行问卷调查。

(2)从上述人群中抽取 70 人,随机划分为测试组 50 人(男＝25,女＝25),验证组 20 人(男＝10,女＝10)。受试人员需同步佩戴 MetaMax 3B 便携式气体分析仪、三维加速度传感器仪 SWA 和 Polar 心率表进行体力活动。测试项目共分为七项,依次为平躺、步行(3.2km/h、4.0km/h、4.8km/h 和 5.2km/h)、跑步(6.4km/h、7.0km/h、8.1km/h 和 9.0km/h)、伏案、爬楼梯(100～120 步/分钟和全力冲刺)、自行车(10km/h、13km/h、15km/h 和 20km/h 四个速度)、俯卧撑。记录每项活动的三维加速度值等数据。以间接测热(IC)法为标准,以垂直轴记数(ACz)、三轴综合记数(VM)和心率(HR)为自变量建立能耗预测方程。建立 3METs 为区分点所对应的能量消耗公式。验证组以同样顺序完成七项体力活动,以其测得体力活动的能耗结果对方程准确性进行验证。

3. 研究结果

(1)《标准》测试结果表明,高校大学生的体质整体表现不佳,除身体形态外,身体机能和素质是导致体质下降的主要因素。从问卷分析来看(见附录二),体力活动不足、课业压力大和不良生活习惯是导致体质下降的主要原因。其次,体育锻炼环境不好、督促力度不够、运动评估手段缺失,也是造成体力活动缺乏和体质下降的原因之一。

(2)不同测试项目,垂直加速度值 ACz 和综合加速度值 VM 有显著性差异;同一测试项目内不同速度,ACz 和 VM 没有显著性差异。从相关性分析得知,以性别、个体特征 BMI 值、心率、ACz 和 VM 的值作为自变量,能耗模型具有高拟合度,其 R^2 值高达 0.7。

(3)依据项目构成,本研究基于综合能耗、分类项目能耗和 METs 构建了 10 个能量消耗模型。综合能耗模型和走跑类能耗模型可以较好预测体力活动的能量消耗,非走跑类和基于 METs 建立的能耗模型,预测准确度有所下降。综合能耗模型和走跑类能耗模型如下:

①综合能耗模型:

$$W/min = -9.125\,288 + 0.004\,357ACz + 1.097\,599SEX + 0.227\,018\,1BMI + 0.057\,226HR$$

$$W/min = -12.270\,49 + 0.008\,815VM + 0.953\,711SEX + 0.231\,853\,3BMI + 0.058\,611\,5HR$$

②走跑类能耗模型:

$$W/min = -18.786\,08 + 0.008\,212ACz + 2.058\,352SEX + 0.200\,015\,7BMI + 0.047\,463\,7HR$$

$$W/min = -8.849\,811 + 0.014\,097VM + 2.034\,297SEX + 0.154\,696\,7BMI + 0.020\,200\,1HR$$

4. 研究结论

(1)大学生需要提高体力活动量,促进体质健康发展。

(2)基于三维加速度值、BMI、HR、性别为基础构建的体力活动能量消耗预测方程具有较高准确度,可应用于大学生日常体力活动的监测。

目 录

第一章 体质概述 ·· (1)

1.1 体质的内涵与理想体质 ··· (2)

    1.1.1 体质的内涵 ··· (2)

    1.1.2 理想体质 ·· (3)

1.2 体质科学研究 ··· (4)

    1.2.1 国民体质研究与发展 ·· (4)

    1.2.2 儿童青少年体质研究与实施 ··· (8)

1.3 青少年体质调查与体育锻炼 ··· (14)

    1.3.1 青少年体质调查 ··· (14)

    1.3.2 青少年体育锻炼 ··· (18)

第二章 体质监控研究进展 ·· (26)

2.1 青少年体质健康理论 ·· (26)

    2.1.1 体质健康的含义 ··· (26)

    2.1.2 青少年体质健康综合评价的目标 ······································ (27)

    2.1.3 研究青少年体质健康的意义 ·· (28)

    2.1.4 体质的影响因素 ··· (29)

    2.1.5 青少年体质健康国内外研究与应用情况 ····························· (33)

    2.1.6 体力活动与健康 ··· (42)

2.2 日常体力活动能量消耗监测理论 ··· (51)

    2.2.1 "体力活动能量消耗"及其相关概念 ································· (51)

2.2.2　能量消耗监测的意义 …………………………………………… (52)
　　2.2.3　能量消耗监测的手段与方法 …………………………………… (53)
　　2.2.4　加速度传感器应用综述 ………………………………………… (68)
　　2.2.5　运动传感器在人体能量消耗监控方面的优势性 ……………… (73)

第三章　青少年学生体质与健康研究 …………………………………… (76)

　3.1　引　言 ……………………………………………………………… (76)
　3.2　研究目的 …………………………………………………………… (78)
　3.3　研究对象与方法 …………………………………………………… (78)
　　3.3.1　研究对象 ………………………………………………………… (78)
　　3.3.2　研究方法 ………………………………………………………… (80)
　3.4　结果与分析 ………………………………………………………… (85)
　　3.4.1　测试结果总评 …………………………………………………… (85)
　　3.4.2　身体形态 ………………………………………………………… (85)
　　3.4.3　身体机能 ………………………………………………………… (88)
　　3.4.4　身体素质 ………………………………………………………… (89)
　　3.4.5　个人课余活动与参加体育锻炼情况分析 ……………………… (93)
　3.5　结论 ………………………………………………………………… (99)

第四章　青少年学生日常体力活动能量消耗预测模型的研究 ………… (100)

　4.1　引言 ………………………………………………………………… (100)
　4.2　研究目的 …………………………………………………………… (102)
　4.3　研究对象与方法 …………………………………………………… (102)
　　4.3.1　研究对象 ………………………………………………………… (102)
　　4.3.2　研究方法 ………………………………………………………… (103)
　4.4　体力活动特征研究结果 …………………………………………… (107)
　　4.4.1　原始数据分析 …………………………………………………… (107)
　　4.4.2　测试项目加速度图像特征 ……………………………………… (108)
　　4.4.3　分析与讨论 ……………………………………………………… (112)

4.5 体力活动能量消耗模型的构建与分析 ·················· (113)
    4.5.1 软件设置 ································· (113)
    4.5.2 数据预分析 ······························· (114)
    4.5.3 线性模型建模 ····························· (121)
4.6 结论 ·· (132)
    4.6.1 传统能耗预测公式汇总 ····················· (132)
    4.6.2 本研究能耗预测模型汇总 ··················· (133)

第五章 研究结论与展望 ································ (136)
5.1 研究结论 ·· (136)
5.2 研究展望 ·· (137)

参考文献 ·· (139)

附录一 国家学生体质健康标准（2014年修订） ············· (156)

附录二 学生体质现状问卷调查表 ························ (178)

附录三 缩略语中英文对照表 ···························· (184)

附录四 实验测试记录表 ································ (185)

致 谢 ··· (186)

第一章 体质概述

体质即人体的质量,是人的生命活动和工作能力的物质基础。体质是人体在先天遗传和后天获得的基础上,所表现出来的形态结构、生理功能、心理发展、身体素质、运动能力等方面综合的、相对稳定的特征,包括人体的身体形态、生理机能、环境适应和心理状态等内容的发展水平[1-3]。决定人体质量优劣的因素有两个方面:①先天的遗传性。即人体生长发育变化的先决条件,如形态、相貌、肤色、性格、身体素质等均受先天遗传的影响。②后天的获得性。即社会环境、物质条件、地区气候、体育锻炼、运动能力、营养状况、医疗卫生及保健等构成了人体发展变化的后天条件[4]。人体体质在形成,发展和消亡的过程中,具有明显的个体差异和阶段性,表现出"从一般功能状态到最佳功能状态,从健康状态到功能障碍甚至严重疾病状态"等各种不同时期的体质状况。

国民体质的好坏是社会文明和进步的重要标志。任何一个国家国民体质的强弱,是国家政治、经济、文化等综合国力的具体体现。可以说,一个民族的国民体质水平与其所处的政治、经济、科学、文化发展水平息息相关,良好的国民体质与健康水平对国家的经济和文化建设,对促进国家的繁荣富强均有着直接的影响。因此,世界各国政府都高度重视本国国民体质的调查研究工作,并在国民体质的研究领域取得了较大的成就。随着现代科学技术的迅猛发展,世界各国综合国力的竞争,主要是人材的竞争,不论何种社会制度,也不论何种生产方式和生产关系,人的体质都是社会发展的物质基础。国民体质强健,精力充沛,才能为社会创造更多的物质和精神财富。

青少年时期是一个面临多重选择的时期,这个时期既可以发展和建立健康的生活方式和形成良好的体育锻炼行为,同时也会发生各种不良的生活方式和行为。就目前而言,现代青少年学生大多是独生子女,家庭的溺爱造成了保姆式的教养方式。第一,当代青少年所生活的环境相对独立和封闭,使得他们参与社会活动和体育锻炼的意识普遍淡薄。第二,在家庭教育上,家长们乐意让青少年更多接受一些所谓的智商开发游戏,致使青少年学生户外活动和体育锻炼的机会越来越少。第三,由于现代生活环境的改变使得青少年明显地发生了由"动"到"静"的变化,如上楼乘电梯、以车代步、不参与家务劳动等体力活动减少的"静态化",造成青少年体质"硬、软、笨"的现状日趋严重(即:硬,关节硬;软,肌肉软;笨,动作协调性差)。导致影响青少年体质中存在的日常体力活动减少、饮食营养失衡等不良的环境因素,对于人生正处在启始阶段、身体生长发育还不完善的青少年而言,身心健康受损害的程度将更为深远。因此,研究青少年生活环境中的诸多影响因素,对于最大限度降低现代教育方式和生存环境对青少年体质健康的不利影响具有十分重要的意义。

1.1 体质的内涵与理想体质

人类社会的不同历史阶段具有不同的生产特点,由此对人的体质提出了不同的要求。在原始社会,生产力水平极低,以手工作坊和小农个体生产作为生产方式,劳动力仍是社会需要的重要财富。在现代工业化时代,由体力、技术和精神相结合的劳动环境下,使人的体质承受着更加繁重的负担,对人的体质提出了更高的要求。人的体质是社会最为基础的物质因素。一个民族国民体质的强弱与国家经济、科学、技术、文化、教育、体育的发展有着密切的关系。科学的运动健身原理与方法是增强体质与健康促进的重要组成部分,当社会的政治、经济、自然条件等因素发生变化时,它对人的体质起着十分敏感的影响。生产和科技的发展,取决于人对社会做出贡献的大小,人的素质不单纯以知识结构为标志,它是知识、道德、体质的结合体,从某种意义上讲,人的第一存在价值应是健全的,并能适应社会生产劳动的体质。

1.1.1 体质的内涵

人体体质受于先天遗传和后天获得两个方面的影响,在其生长发育的过程中所形成的与自然和社会环境相适应的人体形态结构、生理功能和心理因素等相对稳定的固有特征[2]。这一定义表明:①强调了人体体质的形成是基于先天遗传和后天获得的两个基本层面;②反映了关于机体内外环境相统一的整体观念,说明人体体质在后天生长发育过程中是与外界环境相适应而形成的;④充分体现出体质的固有特性或特征表现出来的机能、代谢以及对外界刺激反应等方面的个体差异性和阶段性。先天禀赋是人体体质形成的重要因素,但人体体质的发展与强弱在很大程度上又取决于后天获得因素的影响。因此,体质的内涵主要表现在以下几个方面:

第一,体质是一个统一的、相互密切协调的有机整体,是人体各种能力的一种综合体现。它是人们生活、学习和工作的物质基础,也是社会和经济发展的一种重要潜能。

第二,体质在承认先天遗传因素作用的同时,更加强调后天获得因素塑造的重要性。在不同种族、地域以及不同性别、年龄的人群和个体中,人体体质的发展既有规律性,又有特殊性。

第三,强调人的身体素质和运动能力是生长发育与生理功能的主要外在表现,但又强调了科学合理锻炼对促进生长发育和生理功能的积极能动效应。

第四,随着社会进步和科技的发展以及人们认识水平的提高,体质的概念及范畴会产生日臻完善的新见解。任何一个时期的体质概念,往往只是对当时现实的概括,不是人们认识的终结,更不是真理的穷尽。因此,体质的内涵也是发展的。

第五,体质研究是一个复杂的系统工程。就体质的研究过程来看,是无穷尽的。就其研究领域而言,各学科间纵横交错,相互联系非常紧密。所以,对体质实行跨学科、跨专业、跨部门、跨区域的综合研究非常必要。当然,这并不排斥在某些课题上进行单一学科和局部范围内的深入研究。在实际工作中,这种研究还是大量的,但应注意与其他科学的联系,应用、借鉴其他研究领域的成果及知识,避免体质研究工作的片面性。

1.1.2 理想体质

理想体质是人体体质的功能在不同状态中所表现出来的较高层次和较高水平。理想体质是在遗传的基础上,经过后天不断努力获得的过程中所达到的人体良好的体质状态。理想体质的标志表现为:

(1)身体健康,主要脏器无疾病。

(2)身体形态发育良好,体格健壮,体形匀称。

(3)呼吸系统、心血管系统和运动系统具有良好的生理机能。

(4) 有较强的运动能力和劳动工作能力。

(5) 心理发育健全,情绪乐观,意志坚定,有较强的抗干扰、抗刺激的能力。

(6) 对自然和社会环境有较强的适应能力。

1.2 体质科学研究

体质是人的生命活动和工作能力的物质基础。正确地认识和理解体质的概念,是实现体质研究基本理论和实践内容科学化、系统化和规范化的基础和前提。一般而言,一个体质较好的人可以认为身体是健康的,而身体健康的人体质往往也是较好的。因此,良好的体质不仅是生命活动得以充分发展的必要条件,同时也反映出人体健康水平的高低。影响人体体质的因素是多方面的,它与遗传、环境、营养、体育锻炼等因素有着密切的关系。遗传对人体体质的发展提供了可能性和前提条件,而体质的强弱则有赖于后天环境、营养、卫生和身体锻炼等因素的影响。可以说,有计划、有目的的进行体育锻炼,是增强人体体质的有效手段。

1.2.1 国民体质研究与发展

自新中国成立以来,我们党和政府十分关心和重视各族人民的身心健康,把增强国民体质和提高国民的健康水平作为国家发展体育事业的立足点和出发点。为此,旨在增强人民体质、不断提升国民健康水平的群众性体育活动在全国得到了蓬勃开展,随之对国民体质健康的研究也逐步形成。我国国民体质健康的研究主要经历了以下几个阶段。

(1) 20世纪50~60年代,先后推广了广播体操、工间操、保健操等,并制定了与之相应的体育锻炼标准。其普及性体育活动的广泛开展极大地改善了我国国民体质健康状况。

(2) 20世纪70~80年代,改革开放以来,随着我国政治稳定、经济的快速发展和人民生活水平的不断提高,我国进一步加强了国民体质与健康的建设工作。起步于20世纪80年代初的中国国民体质监测工作,从"儿童青少年身体形态、机能和素质调研"开始,以"我国学生体质与健康调研"为契机,以扩展调研人群为突破口,逐步建立了国民体质监测系统,并获得了政府的支持,最终以"法律""法规"和"规定"的形式颁布实施,成为当时国民体质研究领域中较为活跃的研究方向。

(3) 20世纪90年代,由教育部、国家体育总局会同卫生部、国家计委、民政部、国家民委、财政部、科技部、全国总工会和国家统计局等部委,在全国31个省(自治区、直辖市)建立了国民体质健康监测系统,正式启动了我国大规模的国民体质健康监测工作。通过体质监测工作在全国范围的实施,于90年代中后期获得了我国国民体质健康的基础数据,建立了我国国民体质健康监测数据库,较为系统地掌握了我国国民的体质健康状况,同时还建立了我国国民体质健康监测工作法规,构建了国民体质健康监测网络,组建了国民体质健康监测队伍,积累了宝贵的国民体质健康监测工作经验,填补了我国在国民体质健康研究领域的空白。我国国民体质健康监测框架体系的形成,为进一步加强国民体质健康建设和推动全民健身工作提供了科学依据;为长期动态观察国民体质健康状况奠定了基础;为把国民体质健康状况纳入国家社会发展综合评价指标体系创造了条件。我国国民体质健康监测工作是落实《全民健身计划纲要》,推动国民体质健康建设科学化的一项重要举措。该项工作不仅体现了时代的发展与人民的需求,而且对提高全民族的素质和健康水平具有重要的意义,标志着我国国民体质健康建设迈入了新的发展阶段,并将作为新世纪我国的一项社会发展成果载入了史册。

(4) 21世纪初,为了广泛开展全民健身活动,提高全民族的健康素质,全面建设小康社会,构建社会主义和谐社会,党和政府把构建全民健身体系在全面建设小康社会中的重要地位做了进一步的提升。将国民体质监测列入对全民健身体系工作效果的重要评定指标之一,确定为对人的健康素质的科学鉴定指标。实施《全民健身计划纲要》和贯彻《体育法》不仅对国民参加体育锻炼、增强体质提出了具体要求,并且强调指出,在全国"进行体质监测","实施体质测定制度,制定体质测定标准,定期公布全民体质状况"。2002年,由国家体育总局有关部门利用我国国民体质状况数据,制定并完成了《国民体质测定标准》;2003年7月,由国家体育总局、教育部、国家民委等10个部门共同颁布的《国民体质测定标准》正式施行,标志着我国的国民体质监测制度得到了进一步的完善和全面实施阶段。国民体质标准的制定与组织实施,有助于了解国民的整体体质和健康基本状况。该"标准"不仅可为国家经济建设和全民健身运动提供科学的依据,而且可为进一步加强国民体质测定工作,促进国民积极参加体育健身活动和提高劳动者素质提供科学的身体锻炼方法,使国民体质测定工作逐步在全国城乡开展起来。为系统掌握我国国民体质现状和变化规律,推动全民健身活动的开展,提高国民身体素质和健康水平,促进国家经济建设和社会发展,根据《中华人民共和国体育法》、《全民健身条例》的规定,按照《国民体质监测规定》的要求,2010年,国家体育总局、教育部、科技部、国家民委、民政部、财政部、农业部、卫生部、国家统计局、全国总工会10个部门联合在全国31个省(自治区、直辖市)进行了第三次国民体质监测工作。《国民体质测定标准》成年人见表1-1～表1-3;老年人见表1-4和表1-5。

表1-1 2010年全国20～59岁成年人各项体质指标平均数

性别	年龄组(岁)	身高(cm)	体重(kg)	胸围(cm)	腰围(cm)	臀围(cm)	皮褶厚(mm)		
							上臂部	肩胛部	腹部
男	20～24	171.1	65.6	87.3	77.9	91.5	11.0	14.1	17.6
	25～29	170.7	68.7	89.8	81.8	93.3	12.1	16.7	21.3
	30～34	169.8	69.8	91.1	84.0	93.9	12.3	17.7	22.9
	35～39	169.2	69.7	91.6	84.8	93.9	11.8	17.7	23.0
	40～44	168.6	70.0	92.2	85.9	94.2	11.7	18.1	23.4
	45～49	168.2	69.9	92.5	86.5	94.4	11.4	18.0	23.1
	50～54	167.6	69.0	92.5	86.2	93.8	11.2	17.6	22.4
	55～59	167.0	68.5	92.4	86.0	93.8	11.2	17.5	21.9
女	20～24	159.0	53.0	92.0	70.9	89.0	16.5	15.9	19.8
	25～29	158.7	54.6	83.4	73.0	90.1	17.3	17.0	20.2
	30～34	158.1	56.1	84.6	74.7	91.0	18.4	18.4	21.0
	35～39	157.7	56.9	85.6	75.8	91.7	18.9	19.3	22.4
	40～44	157.4	58.4	86.9	77.7	92.8	19.6	20.4	23.9
	45～49	157.4	59.3	88.3	79.7	93.7	20.0	21.2	25.4
	50～54	156.6	59.8	89.0	81.3	93.8	20.0	21.3	26.6
	55～59	155.8	59.7	89.3	82.4	93.7	20.0	21.4	27.0

注:引自2010年国民体质监测公报

表1-2 2010年全国20～59岁成年人各项体质指标平均数

性别	年龄组（岁）	安静脉搏（次/min）	收缩压（mmHg）	舒张压（mmHg）	肺活量（ml）	台阶指数	握力（kg）	背力（kg）
男	20～24	77.2	116.9	75.0	3742	56.9	45.8	128.0
男	25～29	77.2	118.2	76.6	3717	56.6	46.2	131.0
男	30～34	77.2	119.2	78.2	3614	56.7	46.5	132.2
男	35～39	76.9	119.9	79.2	3495	57.3	46.3	132.9
男	40～44	76.6	121.7	80.7	3348	58.7	45.6	—
男	45～49	76.8	123.8	81.8	3220	59.1	44.5	—
男	50～54	76.5	125.4	82.1	3056	59.1	45.6	—
男	55～59	76.2	127.0	82.0	2893	59.2	40.7	—
女	20～24	77.6	107.2	70.1	2432	57.7	26.6	67.5
女	25～29	77.1	107.6	70.7	2439	58.5	26.9	69.9
女	30～34	76.7	109.3	72.0	2407	59.4	27.6	72.7
女	35～39	76.3	111.0	73.2	2350	30.3	27.7	73.9
女	40～44	75.9	113.8	74.8	2262	61.2	27.4	—
女	45～49	75.6	117.6	76.8	2183	61.6	26.9	—
女	50～54	75.2	120.8	78.2	2069	62.0	25.4	—
女	55～59	75.3	123.7	78.8	1953	61.0	24.5	—

注：引自2010年国民体质监测公报

表1-3 2010年全国20～59岁成年人各项体质指标平均数

性别	年龄组（岁）	坐位体前屈（cm）	背力（kg）	纵跳（cm）	俯卧撑（次）	1分钟仰卧起坐（次）	闭眼单脚站立（s）	选择反应时（s）
男	20～24	8.7	128.0	37.8	26.6	—	37.1	0.44
男	25～29	7.3	131.0	36.3	24.2	—	35.0	0.45
男	30～34	6.9	132.2	34.2	22.0	—	31.6	0.46
男	35～39	6.6	132.9	32.5	20.3	—	26.9	0.48
男	40～44	5.4	—	—	—	—	21.9	0.51
男	45～49	4.0	—	—	—	—	19.2	0.53
男	50～54	3.5	—	—	—	—	16.5	0.55
男	55～59	2.6	—	—	—	—	14.4	0.58
女	20～24	10.9	67.5	23.9	—	21.0	36.8	0.48
女	25～29	9.9	69.9	23.3	—	19.8	34.2	0.49
女	30～34	9.2	72.7	22.3	—	17.7	31.6	0.50
女	35～39	8.9	73.9	21.3	—	16.1	27.7	0.52
女	40～44	8.6	—	—	—	—	21.8	0.55
女	45～49	8.1	—	—	—	—	18.3	0.57
女	50～54	8.1	—	—	—	—	15.0	0.60
女	55～59	8.0	—	—	—	—	12.3	0.64

注：引自2010年国民体质监测公报

表 1-4　2010 年全国 60～69 岁老年人各项体质指标平均数

性别	年龄组（岁）	身高(cm)	体重(kg)	胸围(cm)	腰围(cm)	臀围(cm)	皮褶厚度(mm)		
							上臂部	肩胛部	腹部
男	60～64	165.7	66.6	91.5	85.4	93.0	11.0	16.6	20.6
	65～69	164.9	65.3	91.2	85.3	92.8	11.2	16.6	20.3
女	60～64	154.5	59.2	89.5	84.0	94.1	20.0	21.1	26.9
	65～69	153.4	57.7	88.6	84.0	93.4	19.2	20.0	25.9

注：引自 2010 年国民体质监测公报

表 1-5　2010 年全国 60～69 岁老年人各项体质指标平均数

性别	年龄组（岁）	收缩压(mmHg)	舒张压(mmHg)	安静脉搏(次/min)	肺活量(ml)	坐位体前屈(cm)	握力(kg)	闭眼单脚站立(s)	选择反应时(s)
男	60～64	130.2	81.6	76.0	2611	1.8	37.4	10.1	0.7
	65～69	132.0	81.2	75.7	2407	0.5	34.6	8.2	0.7
女	60～64	128.1	79.4	75.6	1766	7.9	23.3	9.0	0.7
	65～69	130.4	79.2	75.6	1645	6.7	21.8	7.4	0.8

注：引自 2010 年国民体质监测公报

1.2.2　儿童青少年体质研究与实施

儿童青少年是我国社会主义事业的建设者和接班人,我国政府对青少年学生的体质与健康研究工作尤为关注,并在学校体育教育中始终坚持以增强青少年体质与健康促进为目标的宗旨。自 20 世纪 50 年代以来,我国教育与体育管理部门分别于 1954 年制定了《劳卫制》体育制度暂行条例,1975 年又颁布了《国家体育锻炼标准》,1990 年 10 月《大学生体育合格标准》正式实施,1991 年和 1992 年先后颁布了《中学生体育合格标准》和《小学生体育合格标准》。不同时期体育锻炼"标准"的制定与实施,对我国学校体育工作的广泛开展起到了积极的推动作用,这些作用具体表现为:①在贯彻落实《中华人民共和国体育法》《全民健身计划纲要》和《学校体育工作条例》的方面起到了积极的促进作用;②在学校体育教学、两操一课活动等体育达标活动过程中,使青少年学生的身体形态、身体机能、身体素质和运动能力得到了全面发展,为培养学生积极参加体育锻炼,形成良好的体育行为和习惯起到了具有实效性的影响作用;③通过对"标准"的测试与评价,有效地促进了学校体育工作的广泛性,为评价学校总体教育质量起到了具体的指导作用。在《中国成年人体质测定标准施行办法(试行)》的基础上,从 2001 年起,国家体育总局又组织有关专家进行了儿童青少年人群的体质测定标准的研制。儿童青少年体质测定标准见表 1-6 和表 1-7。

表 1-6 2010 年全国 7～19 岁儿童青少年各项体质指标平均数

性别	年龄组（岁）	身体（cm）	体重（kg）	胸围（cm）	安静脉搏（次/min）	收缩压（mmHg）	舒张压（mmHg）	肺活量（ml）	50米跑(s)
男	7	125.5	25.5	59.9	88.1	95.6	59.2	1099	11.1
	8	130.7	28.5	62.2	87.2	97.8	61.0	1282	10.5
	9	135.8	31.8	64.7	86.2	99.2	62.0	1468	10.1
	10	140.9	35.5	67.4	86.0	101.5	63.5	1661	9.8
	11	146.2	39.6	70.1	85.5	103.2	64.4	1868	9.5
	12	152.4	44.0	72.4	84.3	104.8	64.5	2102	9.1
	13	159.9	49.4	75.8	83.1	107.5	65.5	2477	8.6
	14	165.3	53.8	78.7	81.8	109.9	67.2	2830	8.2
	15	168.8	57.2	80.9	80.7	111.5	68.2	3164	8.0
	16	170.5	59.2	82.4	79.6	112.9	69.2	3413	7.7
	17	171.4	61.0	83.7	79.5	114.4	70.1	3555	7.6
	18	171.4	61.5	84.3	79.5	115.1	71.0	3602	7.6
	19	172.1	62.6	85.0	78.2	115.2	71.7	3853	7.6
女	7	124.1	23.8	57.6	88.6	94.2	58.6	1005	11.7
	8	129.4	26.5	59.8	87.6	96.4	60.2	1154	11.0
	9	135.0	29.7	62.3	87.0	98.0	61.7	1308	10.6
	10	141.3	33.8	65.5	86.8	100.0	63.1	1501	10.2
	11	147.2	38.2	68.9	86.6	102.6	64.7	1671	10.0
	12	152.2	42.3	72.0	84.8	103.1	64.6	1830	9.8
	13	156.0	46.2	75.2	83.5	103.9	65.2	1996	9.7
	14	157.8	48.6	76.9	82.8	105.2	66.1	2108	9.7
	15	158.5	20.1	78.1	81.7	105.2	66.2	2208	9.7
	16	159.0	51.1	79.2	81.4	105.3	66.6	2302	9.7
	17	159.3	51.7	79.8	81.4	106.0	66.7	2302	9.7
	18	159.2	51.7	80.0	81.3	106.6	67.7	2352	9.6
	19	160.1	51.9	80.3	79.6	105.2	67.3	2540	9.6

注:引自 2010 年国民体质监测公报

表1-7 2010年全国7~19岁儿童青少年各项体质指标平均数

性别	年龄组（岁）	握力（kg）	立定跳远（cm）	斜身引体（次）	引体向上（次）	1分钟仰卧起坐（次）	50米×8往返跑（s）	1000米跑（s）	800米跑（s）	坐位体前屈（cm）
男	7	10.3	126.2	23.3	—	—	135.6	—	—	6.7
	8	12.0	137.2	24.4	—	—	130.4	—	—	6.5
	9	13.9	145.2	25.9	—	—	126.8	—	—	5.8
	10	16.0	153.9	26.8	—	—	122.9	—	—	5.5
	11	18.6	161.7	28.7	—	—	118.9	—	—	5.3
	12	22.4	173.0	28.3	—	—	114.9	—	—	5.5
	13	28.3	188.5	—	2.4	—	—	297.5	—	6.9
	14	33.3	201.7	—	3.1	—	—	281.9	—	8.2
	15	37.4	213.0	—	3.8	—	—	271.2	—	9.6
	16	40.5	223.4	—	4.4	—	—	262.7	—	11.1
	17	42.1	227.1	—	4.9	—	—	259.8	—	11.6
	18	43.1	229.2	—	5.3	—	—	256.9	—	12.1
	19	43.0	226.9	—	4.8	—	—	255.1	—	11.7
女	7	9.0	117.0	—	—	17.9	139.1	—	—	10.4
	8	10.5	126.7	—	—	20.1	134.8	—	—	10.1
	9	12.2	136.0	—	—	22.5	131.0	—	—	9.5
	10	14.5	143.7	—	—	24.2	126.6	—	—	9.4
	11	17.0	150.1	—	—	25.3	122.9	—	—	9.5
	12	19.5	155.2	—	—	25.5	121.1	—	—	9.7
	13	22.1	158.8	—	—	26.2	—	—	269.3	10.5
	14	23.5	160.8	—	—	27.2	—	—	263.4	11.3
	15	24.7	163.3	—	—	28.3	—	—	259.9	12.0
	16	25.5	166.0	—	—	28.7	—	—	257.3	12.9
	17	26.2	167.4	—	—	29.1	—	—	258.5	13.3
	18	26.5	167.8	—	—	28.9	—	—	256.8	13.5
	19	26.3	166.4	—	—	28.3	—	—	253.5	14.1

注：引自2010年国民体质监测公报

第一章 体质概述

随着我国体育教育事业的快速发展，人们对增强体质与健康促进的认识越来越深刻，作为学校体育教育如何有效增强学生体质，使青少年的身心得以健康发展，已是教育和体育管理部门急需解决的问题。1995年8月29日，全国人大常委会通过了《中华人民共和国体育法》，其中明确指出："学校必须实施国家体育锻炼标准，对学生在校期间每天用于体育活动的时间给予保证。"为此，教育部、国家体育总局根据2001年国务院召开的全国基础教育工作会议中提出的"制定并实施学生体质健康标准"的精神，共同组织国内部分专家学者研制了《学生体质健康标准（试行方案）》。教育部、国家体育总局联合颁布的《学生体质健康标准（试行方案）》决定于2002年新学期开始，作为国家体育锻炼标准的重要内容，在全国部分大中小学正式实施。在《学生体质健康标准（试行方案）》解读中，明确提出了该《标准》实施的目的：①促进学生身体的正常生长和发育、形态机能的全面发展、身体健康素质的全面提高；②在学校体育教育中实现"教考分离"，克服测什么练什么的应试教育弊端；③在我国各级学校实施《学生体质健康标准（试行方案）》，有利于保证学校体育课教学活动的正常进行，有利于全面实现体育课程的总体目标，有利于教育行政部门的管理。

自2002年试行《学生体质健康标准（试行方案）》以来，各地教育部门和各级各类学校认真进行组织推广，在试行中取得了很好的经验。教育部、国家体育总局在认真总结各地试行工作的基础上，根据新的形势，对《学生体质健康标准（试行方案）》进行了修改和完善，将《学生体质健康标准（试行方案）》正式定名为《国家学生体质健康标准》，并从2007年开始在全国各级各类学校全面实施。在《国家学生体质健康标准》实施6年后的2013年，教育部根据我国青少年体质与健康的现实状况，再次对学生体质健康标准进行了修订。新修订的《国家学生体质健康标准》（2014修订）更加符合增强青少年体质与健康促进的要求，对有效激励学生积极参加体育活动，养成体育锻炼的良好习惯，达到增强体质的目的有着重要的作用。

综上所述，《国家学生体质健康标准》的实施，是新时期我国学校体育教育的重大系统工程，该工程不仅是教育部、国家体育总局积极贯彻落实《中共中央国务院关于深化教育改革全面推行素质教育的决定》和《国务院关于基础教育改革与发展的决定》的一项重要举措，同时也是"学校教育要树立'健康第一'的指导思想，切实加强学校体育工作"的具体体现，对进一步加强青少年体质健康的研究,增强整个中华民族的体质健康水平,提高人口素质和质量具有非常重要的现实意义。

1. 青少年体质研究的意义

《国家学生体质健康标准》的实施过程,是体质研究工作的重点。它对促进青少年学生的身体锻炼,提高体质健康水平具有十分重要的意义。①对《国家学生体质健康标准》的测试内容、方法与要求应有全面的了解,使测试的基本操作保持一致性,并正确掌握各种测试仪器的操作方法;②对《国家学生体质健康标准》的管理制度、要求及质量要有充分的认识。只有两者的高度结合,才能使《国家学生体质健康标准》的测试工作得以真正落实;③《国家学生体质健康标准》的实施工作和学校各项体育教育工作是一个有机的整体。学校体育的组织形式多种多样,体育课的基本组织形式也有多种,它和早操、课间操以及各种课外体育活动的结合,而共同实现了学校体育的目的和任务。

2. 青少年体质研究的功能

《国家学生体质健康标准》是我国学校体育教育推行的一项重要的体育制度。其目的在于:鼓励广大儿童青少年自觉积极地锻炼身体,促使身体的正常生长发育和身心健康的全面发展,增强体质,为全面建设社会主义现代化国家,为培养德、智、体、美全面发展的建设人才服务。在2013年新修订的《国家学生体质健康标准》中,对"标准"的功能已明确界定:①教育激励。《国家学生体质健康标准》是促进学生体质健康发展、激励学生积极进行身体锻炼的教育手段。所选用的指标可以反映与身体健康关系密切的身体成分、心血管系统功能、肌肉的力量和耐力,以及关节和肌肉的柔韧性等要素的基本状况。《国家学生体质健康标准》的实施将使学生和社会能够对影响身体健康的主要因素有一个更加明确的认识和理解,引导人们去积极追求身体的健康状态,实现学校体育的目标。《国家学生体质健康标准》实施办法还规定,对达到合格以上等级的学生颁发证章,以激励学生对体育锻炼的内在积极性。②反馈调整。《国家学生体质健康标准》是学生体质健康的个体评价标准,并规定了各校应将每年测试的数据按时上报至国家学生体质健康标准数据管理系统,该系统具有按各种要求进行统计、分析、检索的功能,并定期向社会公告。该系统为学生及其家长提供了在线查询和在线评估服务,向学生提供了个性化的身体健康诊断,使学生能够在准确地了解自己体质健康状况的基础上进行锻炼;该系统还可为各级政府机关、教育行政部门、学校提供翔实的统计和分析数据,使之了解学生的体质健康状况,及时采取科学的干预措施。③引导锻炼。新的《国家学生体质健康标准》增加了一些简便易行、锻炼效果较好的项目,并提高了部分锻炼项目指标的权重,对引导学生进行体育锻炼具有较强的实效性;同时通过国家学生体质健康标准数据管理系统,学生还可以查询到针对性较强的运动处方,用于自身因地制宜地进行科学的体育锻炼,提高身体健康水平。

3.青少年体质研究的特点

《国家学生体质健康标准》的特点主要表现在:①突出"健康第一"的指导思想。测试内容的选择和评价指标的设置考虑了与身体健康状况关系密切的身体健康素质要素;②增强了《国家学生体质健康标准》的适应性。测试项目设置了必测和选测项目,对个别体育场地要求较高的项目还设置了替代项目,扩大了《国家学生体质健康标准》的可行性和适用性范围;③体现了激励和促进学生全面发展的作用。《国家学生体质健康标准》中规定的评价指标既可以进行定量和定性的评价,其目的是帮助学生了解自身的体质健康状况,从而选择适当的方法和形式积极参与体育锻炼,以达到"达标争优、强健体魄"的目标。《国家学生体质健康标准》既是学生体质健康的个体评价标准,也是学生毕业的基本条件。《国家学生体质健康标准》是从身体形态、身体机能、身体素质等方面综合评定学生的体质健康状况。

综上所述,《国家学生体质健康标准》是国家的一项体育和教育制度,与学校体育的各种组织形式和各个环节都有密切关系,推行《国家学生体质健康标准》可进一步推动和督促学校体育工作。因此,在学校体育教学和各项体育工作中,都应积极贯彻和体现《国家学生体质健康标准》的精神,使《国家学生体质健康标准》的实施与学校体育工作的各种组织形式紧密配合,互相促进,互为因果。《国家学生体质健康标准》的实施,不仅是对学生体质健康状况进行的个体评价,而且更重要的是促进学生体质健康发展、激励学生积极进行身体锻炼的教育手段。实施《国家学生体质健康标准》质量的好坏,既取决于测试的结果,同时也取决于开展活动的过程和学校体育活动开展的程度。体育活动开展得好,学生参加锻炼的积极性高,学生的体质健康水平就会得到不断的发展。为了达到实施《国家学生体质健康标准》的效果,保证《国家学生体质健康标准》测试工作健康稳步地发展,协调好各个方面的关系尤为重要。

1.3 青少年体质调查与体育锻炼

我国国民体质与健康调研,特别是青少年体质与健康问题的调研备受广泛关注。从1979年开始,教育部、国家体育总局等部委组织实施"中国学生体质与健康调研"工作。其后,1985年至2005年的20年期间共五次组织全国范围的学生体质健康调查工作,对青少年学生体质与健康状况进行了持续、系统的调研与监测,建立了完善的中国学生体质健康调研制度。青少年体质调研结果显示,近30年来,中国学生的形态发育水平不断提高,营养状况得到改善,常见病患病率持续下降。但体能素质明显下降(速度、力量、耐力等),心肺功能持续降低,视力不良率居高不下,超重和肥胖青少年的比例明显增加。根据青少年现实的体质状况,采取了一系列措施提高学生体质健康水平,力图有效解决青少年体质健康的突出问题。为此,2007年5月7日中共中央国务院下发了《关于加强青少年体育、增强青少年体质的意见》,并在全国实施了以"阳光体育"为核心的一系列增强学生体质与健康促进的措施。

1.3.1 青少年体质调查

从现代青少年社会生活方式和体育锻炼行为来看,首先是社会生活方式存在很大的缺陷。社会生活方式"是人们长期受一定社会、经济、文化、风俗、规范等影响而形成的一系列生活习惯、生活态度和生活制度等"。生活方式的内容相当广泛,它包括人们的衣、食、住、行、工作劳动、休闲娱乐、人际交往等,是人们在物质生活和精神生活中所表现出来的价值观、道德观、审美观以及与这些方式相联系的生活模式。就目前而言,我国青少年的体质与健康状况堪忧,其主要原因与不良生活方式的养成有着直接的关系;其次是缺少体育锻炼和必要的体力劳动。青少年体质健康水平与体育锻炼息息相关,其体育参与行为只是外在的表现形式,而真正主宰其体育行为的是深层次的体育锻炼意识。通过对问卷调查的分析表明,青少年生活方式、生活习惯、人际关系、体育锻炼及生活环境调查的总体情况主要表现在以下方面。

1. 生活方式调查

青少年生活方式中脑力活动增多、体力活动减少。

(1)由于社会竞争加剧,现在许多青少年从幼儿园开始就上各种"兴趣班""培优班"等,诸如弹琴、美术、外语等;进入小学年级后脑力劳动就更繁重,大量的作业、考试以及各类辅导班充斥了中小学生的课内外时间,再加上青少年普遍喜欢上网玩游戏等智力活动,同样也属于脑力活动的范畴。

(2)独生子女的优越感,使消费观念超前发展。随着我国城乡居民生活水平的不断提高,在家庭消费中用于独生子女生活和消费教育投资的比重越来越大,导致青少年作为物质超前消费的主体,并成为公众关注的新兴的市场动力。

(3)营养状况过剩,导致肥胖学生明显增多,由于生活方式的改变不可避免地给青少年学生的体质和健康带来不利影响。

(4)不良的生活习惯的养成。目前,"人为疾病"的蔓延,都缘于不良的生活习惯的选择。青少年中吸烟、饮酒、食物过于精细等不良的生活习惯较为严重,从而导致青少年体质健康水平全面下降。

2. 生活习惯调查

良好的生活习惯是身心健康的保障和前提。生活习惯与人的体质健康有着千丝万缕的联系。由于现代家庭的富裕使不少青少年娇生惯养,而且形成了懒动的生活习惯。目前不良生活习惯比较突出地表现在以下方面。

(1)逆时而作。人体在进化过程中所形成的固有生命运动规律(即"生物钟"),是维持人体生命运动过程中气血运行和新陈代谢的规律。逆时而作就会破坏这种规律,从而影响人体正常的新陈代谢,导致人体体质受到影响。

(2)营养不全。现代日常生活习惯的改变,使得饮食热量过高,且营养素不全,加之食品中人工添加剂过多,人工饲养动物成熟期短、营养成分偏缺,造成人体重要的营养素缺乏和肥胖症增多,机体的代谢功能紊乱。

(3)练体无章。生命在于运动,人体在生命运动过程中有很多共性,但是也存在着个体差异。因此,练体强身应该是个体性很强的生活习惯,如练体无章、练体不当,必然会损坏人体的体质与健康。

3. 人际关系调查

从人生的处世哲学观念来看,人际关系好像与身心健康不太相干,实际上人与人的交往是情感上的交织,情感与人的体质和健康是息息相关的,所以人际交往融洽,能丰富生活,从而达到促进身心健康的效果。社会的特征是人与人的相处和从事社会活动。每个人都有自己周围的人群,结合为各种各样的人际关系,亲属之间、同学之间、师生之间、同事之间、上级与下级之间等都有着人际关系。人际关系相处得好,会使人心情愉快,有安全感,对生活充满信心。相反,人际关系紧张,会使人心情烦躁,体液调节失调,因而影响人的体质健康。正确处理人际关系,重要的是要正确认识自己,评价自己,在了解自己的优点和长处之外,应该知道自己的缺点和不足。人贵有"自知之明"的格言是十分深刻的。了解自己越多,越知道自己的不足,越能严格要求自己,因而对周围,对别人也越客观,人际关系也越协调。现代青少年大多自我感觉良好,高估自己低估别人,造成人际关系紧张,使身心健康受到严重影响。

4. 体育锻炼调查

对体质与健康标准的定位不准确,认为无病就是体质好,对于体育锻炼能有效增强体质的认识不够,从而缺乏身体锻炼的积极性和主动性。青少年的体育锻炼现状的结果显示:有66%的青少年每天锻炼时间不足1小时,近24.8%的学生每天基本不锻炼,60.4%的学生没有养成体育锻炼的习惯,有28.9%的学生根本就没有时间进行体育锻炼[4-6]。究其原因在于以下方面。

(1)运动时间减少。由于学校竞争的激烈,家长为了不让孩子输在起跑线上,使青少年学生的课余时间被各种补习班所充斥,剥夺了青少年体育锻炼的时间。

(2)各种升学率压力增大,使得学校把很多课外活动的时间取消或用文化课取而代之,青少年不论在学校还是在家庭都没有充分的时间进行身体锻炼。

(3)运动场地不足。运动场地是开展课外活动的必要的物质基础,许多学校的场地、器材设施薄弱而简陋。

(4)缺乏科学指导,经费投入少。青少年学生的体育锻炼不同于成年人群,其锻炼的目的性不很明确,大多带有玩乐趣味,需要精心指导,培养学生的锻炼兴趣,营造良好的锻炼氛围[7]。

(5)学生可选择项目的范围小。中小学校现有的体育设施与学生喜爱的体育项目及要求之间存在较大差距,学生可选择的项目范围就较小,在一定程度上使体育锻炼局限于一部分人,使青少年学生在全面进行体育锻炼时受到了局限性。

5.环境调查

环境指周围或外部世界的条件和境况。它包括自然环境、卫生环境、营养环境和社会心理环境。

(1)自然环境。自然环境是指人类生态系统中围绕着人类周围的各种自然因素的总和(如水、土、气、光和各种生物等)。自然环境对人体的体质与健康有着直接的影响。在世界范围内,由于现代工业的快速发展,使得人类赖以生存的自然环境遭到了极大的破坏。如温室效应而导致全球性的气温上升,臭氧层的破坏导致气候异常,植被破坏导致水土大量流失、土地沙漠化和淡水资源缺乏,等等。因此,保护自然环境,维持人类生态环境的平衡发展,是人类所共同面临的重要任务。

(2)卫生环境。卫生环境是人类生存环境的卫生与要求,它是客观存在于机体之外的各种物质条件的总称。它包括饮食卫生、生活习惯、环境卫生、运动卫生等。生活习惯或生活方式的卫生,对人体的健康长寿有着极大的影响,许多不良的生活方式,如吸烟、酗酒、吸毒、滥用药物等,已严重威胁着人类的身心健康。正因为如此,世界各国政府正在为消除这些社会公害进行着不懈的努力。总之,卫生环境对人类的健康有着直接的影响,它对人类的健康起着重要的促进作用。

(3)营养环境。营养是构成机体组织的物质基础,合理的营养能促进人体的生长发育和健康,不合理的营养会导致人体衰弱,甚至会成为某些疾病滋生的原因。因此,改善人们的食物和营养状况,不仅可以提高人们的健康水平,而且也是促进人体自身发展的根本途径。

(4)社会心理环境。社会心理环境是指人类赖以生存的社会历史、政治、经济、文化环境和心理氛围。不同的社会制度,人们在一定社会所处的政治经济地位与人们的需要满足程度密切相关。人们所处的心理环境(或氛围)对于维护人的心理健康亦有十分重要的意义。

6.心理健康调查

心理健康是指在身体、智能以及情感上与他人的心理健康不相矛盾的范围内,将个人心境发展成最佳状态。其具体表现为:身体、智力、情绪十分协调;在适应环境、处理人际关系中彼此谦让;有幸福感;在工作和学习中,能充分发挥自己的能力。从心理健康的定义和具体表现中可以得知,社会越进步,文明程度越高,人的心理感受的内容也就越多、越复杂。实践证明,在人们的工作学习中营造良好的社会环境和在学校、社会、家庭构建健康向上的心理氛围,是提高青少年身心健康必不可少的外部环境条件。

1.3.2 青少年体育锻炼

体育锻炼(亦称"身体锻炼",简称"锻炼")是指运用各种身体练习,结合自然环境和卫生因素,以健身、防病、娱乐为目的的身体活动。体育锻炼的作用在于:促进人体正常的生长发育;提高人体机能和身体基本活动能力;达到推迟衰老、延年益寿的效果;调剂情绪、振奋精神和进行积极的休息;提高人体适应外界环境的能力;防止疾病和恢复功能等。身体锻炼的方法多种多样,锻炼者可根据锻炼的目的进行不同的选择[8]。

体育锻炼是增强体质与健康促进的主要途径。人体通过体育锻炼不仅可以增强体质,而且也是不断提高健康水平的有效手段。因为人体的形态结构、生理机能、身体素质和运动能力的发展水平都与体育锻炼有着直接关系,只有通过科学的身体锻炼,才有可能增强人体的体质,达到预防疾病,提高工作学习效率以至延年益寿的目的。据研究报道[8,9]:健身跑时的供氧比静坐时多 8~12 倍;锻炼者的有氧代谢能力比没有锻炼者高 37%,最大摄氧量可以提高 33%,体育锻炼能增强人体系统的功能,一般人的肌肉重量只占体重的 40% 左右,而经常系统锻炼的人,肌肉重量可达体重的 45%~50%。为此,在儿童青少年时期应培养坚持终身体育锻炼的好习惯,因为体育锻炼对增强青少年体质,对促进身心健康可起到积极的影响作用[10-11]。

1. 体育锻炼对循环系统的影响与作用

循环系统由一系列连续封闭式的管道系统组成,包括心血管系和淋巴系。循环系统的主要功能,是不断地向全身各器官、组织和细胞输送营养物质、氧气和激素,并将各器官、组织和细胞的代谢物排除体外,以保证人体维持正常的生理活动。循环系统中的心血管系由心脏和血管组成。心脏和遍布全身各个角落的血管形成血液循环,人体通过血液循环使氧气和营养物质被输送到身体各器官、组织和细胞,然后把组织细胞产生的二氧化碳和尿素、尿酸等代谢物质运输到排泄系统的器官。正因为循环系统在人体内周而复始的运动,所以人体的锻炼将有利于循环系统功能的提高。身体锻炼对循环系统的影响主要表现在以下几个方面。

(1)提高心脏的动力功能。身体锻炼可使心脏的每一次跳动强劲而有力,搏出血量也要比一般人多。这是因为长期进行身体锻炼其心脏体积要比不参加锻炼的人大。除此之外,心脏壁厚度、心脏容积也要好于不参加锻炼的人。根据在不同年龄段进行健身锻炼与不参加健身锻炼人群的对比调查表明:健身锻炼的人群每次心脏收缩的搏出量要高出10%左右。由于每搏出量的增多,心脏每分钟跳动的次数相对要减少一些。例如,一个普通人每搏出量是70ml的话,每分钟心跳70次才能够满足身体各器官代谢的需求,经过一段时间的健身锻炼后,它的心脏每搏出量达到80ml,其心脏每分钟跳动62次就可以满足各器官的需求。心脏跳动的减慢,使舒张时间延长,心脏就能够得到充分的休息,这样就能更有利于心脏的健康。另外,健身锻炼时,身体运动所需要的能量比静止状态时增加,为了保证肌肉、内脏所需能量的供应,心脏跳动频率增加,每次跳动的搏出血量增加,血管舒张,使血液循环加速。当心跳达到每分钟100次左右,并且这种心率保持10分钟以上时,则可以很好地锻炼心脏,大大增强心肌和血管的韧度和强度,从而能够有效地降低各种心脏病的发生概率。研究表明:长期从事健身锻炼的人可以提高血液循环的质量,从而有效地避免人体血液供应不足的发生,并可以增强血管的舒张和收缩能力,使血液循环更加畅通。

(2)可使心血管系统得到明显的改善。健身锻炼对改善心血管系统的功能有着积极的作用。因为健身锻炼可以使血管的收缩和舒张度加大,毛细血管增多,从而能够使血液更通畅地达到全身各个部位的组织细胞。各个组织细胞获得的氧气和营养物质就更加充分和充足。与此同时,组织细胞代谢产生的物质也能够更迅速地运输到排泄系统的各个器官。这一过程对增强肌肉的耐力和延缓肌肉疲劳更为有利。健身锻炼还可以改善心脏本身的血管功能,使心脏细胞的供血供氧充分,从而可达到减少冠心病和心肌梗死的发病机率。

(3)可使组织和细胞的活力不断加强。健身锻炼可以使血液中的红细胞、白细胞的数量增多。红细胞中含有血红蛋白,血红蛋白具有很好的携氧能力。红细胞越多表明血液循环中血液所能够携带的氧气也就越多。当氧气供应充足时,健身运动就比较轻松,否则人体会产生疲劳感。白细胞主要是具有免疫能力,它可以产生抗体并将侵入人体内部的各种细菌或病毒消灭,以保证人体的健康。因此,通过健身锻炼,可使组织和细胞的活力得到不断加强。事实证明,健身锻炼不仅可以提高血液的运氧能力,减少运动疲劳,而且还可以提高人体的免疫力。

(4)可促进人体新陈代谢的转换速度。常言道:"吐故"才能"纳新"。人体要想维持正常的生理功能状态,就要不断地向外界排出体内的代谢物,并从外界吸收人体细胞所必需的营养物质,以保证机体新陈代谢的正常进行。因为代谢物质主要是通过血液循环被运送到排泄系统的各个器官的,所以说体育锻炼在改善心血管系统的同时,也增强了人体新陈代谢的能力。研究表明,人体在正常的情况下,每天健身走1~2小时,行走速度保持在每小时3~5km左右,可以提高人体的代谢率,并能有效地防治糖尿病等代谢性疾病的发生。

2. 体育锻炼对机体代谢的影响与作用

机体需要能量以形成新的生物并维持其生命。机体通过分解葡萄糖、氨基酸、脂肪酸等营养物质以获得能量,新分子的生成和分子的凋亡必须是同时进行的才能提供维持这些生化反应进行所需的能量,所以机体需要提供能量以维持这些生化反应的进行。

(1)体育锻炼对糖代谢的影响。糖代谢是糖在体内合成与分解的过程。人体体内能量供给首先来源于糖,是人体最经济的供能物质。糖类物质是人体所需的六大营养元素之一,同时也是人体运动时能量的主要来源。糖类分为多糖和单糖。平时我们所吃的食物中的糖分大多是以多糖形式存在的。在唾液酶等生物酶的作用下,分解为人体可以直接吸收利用的单糖。这些糖类物质有80%左右储存在肌肉中,叫做肌糖原;有20%左右储存在肝脏中,叫做肝糖原;还有少量分布在血液中,即血糖。正常人体静止状态下的血糖含量为100ml的血液中含80~120mg的血糖。血糖不足会加重运动时的疲劳感而影响到人的身体健康。

人体在进行体育锻炼时,首先分解的是肌糖原,当肌糖原分解不足时,血糖进行补充,同时肝脏会不断释放出肝糖原补充到血液中。肌糖原在氧气供应不足时会发生无氧分解,提供能量并产生大量的乳酸。但是当人体进行一般性的身体锻炼时,由于活动的强度小,氧供就充足,这时肌糖原可以充分地氧化分解为水和二氧化碳,释放大量的能量。

(2)体育锻炼对脂肪代谢的影响。脂肪代谢是脂肪在体内合成与分解的过程。它是人体内最大的能源库。当人体从外界获得能量超过所需量时,多余的能量物质就会转化为脂肪的形式储存起来,等到需要时再进行分解。在进行时间长而强度较小的体育锻炼时,脂肪所提供的能量会超过糖类所提供的能量,成为人体耐力素质锻炼能量的最主要来源。脂肪除了储存积累能量外,还可以帮助人体保持体温、保护内脏器官等。一般人的脂肪量是其体重的20%左右,但是因为摄取过剩或者运动不足,会引起脂肪的大量堆积,当脂肪占到体重的50%时,大大超出了正常的范围,即肥胖症。肥胖症是指身体脂肪积聚过多,超过同年龄、同身高标准体重20%以上者。主要原因是长期摄入量超过消耗量。该症状除了影响青少年的正常发育外,还会诱发糖尿病、动脉硬化等一系列疾病。脂肪代谢的途径有四个方面:①以储存性脂肪的形式存留下来;②参加构成人体的组织;③再分解为甘油和脂肪酸;④被各种腺体利用而生成其特殊的分泌物。从脂肪的代谢途经可以知道,在能量物质摄取量一定的情况下,只要机体能量的需求量大,脂肪的储存就会相应减少。也就是说,通过身体锻炼可以使人体内的脂肪储存减少而达到减肥的目的。显而易见,身体锻炼是最科学而简便易行的且是最有效的减肥方法。

(3)体育锻炼对胆固醇代谢的影响。胆固醇是固醇类的一种,因从胆石中发现而得名。血浆胆固醇在体内的存在方式有两种:一种是低密度脂蛋白(LDL);另一种是高密度脂蛋白(HDL)。两种胆固醇在体内的作用是不同的。低密度脂蛋白可以以大块形式附着在动脉血管壁上,促使动脉硬化的形成;而高密度脂蛋白对前者有对抗作用,它可以清除附着在血管壁的低密度脂蛋白,减少其在血管壁的沉积,有效地防止动脉硬化的产生。心血管系统在人体系统的各个器官中具有举足轻重的作用,但是越来越多的心血管系统疾病不断地困扰着人类的身体健康,如动脉硬化、心肌梗死、冠心病等。这些均与血浆中血脂含量有关。因此,临床医学常把血液中胆固醇的含量作为衡量血脂的指标。

实验研究证明,体育锻炼在分解脂肪提供能量的同时,还可以提高体内脂蛋白酶的活性,加速低密度脂蛋白的分解,从而降低血脂总量,对心血管系统疾病起到积极的预防作用。

3.体育锻炼对呼吸系统的影响与作用

呼吸系统是人体完成气体交换的所有器官的总称。机体在进行新陈代谢的过程中,经呼吸系统不断地从外界吸入氧,由循环系统将氧运送到全身的组织和细胞,经过氧化,产生组织、细胞活动所必需的能量,同时在氧化过程中产生二氧化碳,再通过循环系统运送到呼吸系统,排出体外,以保证机体活动的正常进行。体育锻炼可以增强人体呼吸系统的功能,其主要表现有以下几个方面。

(1)使呼吸肌更加发达。呼吸肌包括隔肌、肋间肌、腹肌等肌肉。众所周知,人体在进行身体锻炼时,肌肉对氧气的需求量比静止状态下要大得多。人体运动时的呼吸节奏与动作相配合,可以使呼吸肌随着动作进行有节奏的运动。这种有节奏的运动方式使隔肌、肋间肌、腹肌等肌肉在内的呼吸肌得到锻炼,肌力增强,呼吸肌也变得更加发达。随着呼吸肌的发达,肌肉收缩与舒张也就更有力,呼吸时肌肉的运动幅度也随之增大。呼吸差是指尽力吸气和尽力呼气的胸围大小变化的差额,它是衡量呼吸运动幅度大小的常用标准。经常进行身体锻炼的人的呼吸差可以达到 $8\sim16cm$,比一般人的 $5\sim8cm$ 增加了近1倍。每次呼吸都可以吸入或者排出更多的气体,使更多的气体得到交换,从而能更好地满足人体运动时组织细胞对氧的需求。

(2)使肺活量得到增强。肺活量是指尽力吸气后,作最大呼气所能呼出的气量。肺活量是人体肺部可以容纳空气量的最高限度,反映出呼吸系统的工作能力。因此,肺活量的大小通常被作为衡量体质强弱的重要标准之一,并与性别、年龄、锻炼程度等都有关系。一般来说,正常成年人肺活量的平均值:男子在 $3500\sim4000ml$ 之间,女子在 $2500\sim3500ml$ 之间。老年人和儿童的肺活量要比成年人的平均值小。经常从事身体锻炼的人,其肺活量有明显的增加,一般增值可达到 20% 左右。有研究数据显示,身体锻炼对青少年人群肺活量的增加有着更为明显的效果,经常进行锻炼的人比不进行锻炼的同龄人的肺活量要增加 35% 左右。

(3)使呼吸频率明显降低。呼吸频率是指人体每分钟呼吸的次数。一般正常成年男性的呼吸频率为 $12\sim18$ 次,女性的呼吸频率要比男性的稍快。因为身体锻炼能促进呼吸肌的发达,使每次正常呼吸的气体量比锻炼前增加,呼吸深度加大,呼吸的频率也随之减少。呼吸频率降低反映了呼吸系统功能的增强。

4. 体育锻炼对神经系统的影响与作用

神经系统由脑和脊髓组成的中枢神经以及遍布全身各处的周围神经所组成。主导人体的各个器官系统,控制和调节人体的活动,使人体成为一个有机的整体。这个有机的整体既能适应外界环境的变化,又能不断变化达到与外界环境的相对平衡。神经系统的活动都是由各种各样的简单或复杂反射活动所组成,它在形态和机能上都是完整的、不可分割的整体。因此,身体锻炼对神经系统的影响主要有以下几个方面。

(1)体育锻炼使神经系统的反应更灵敏、更准确。因为神经系统由脑、脊髓和周围神经构成,人体在身体锻炼时,其动作都是肌肉、骨骼和关节在神经系统的支配下完成的。神经系统除了控制和调节运动过程之外,还能直接地接受动作完成方式的正确与否,使肌肉、骨骼和关节在神经系统的支配下变得更加灵敏和准确。

(2)体育锻炼使神经系统的调节作用得到进一步的加强。人体在进行身体锻炼时,左、右侧身体的相互配合可以促进大脑左、右半脑的均衡发展。身体锻炼时所遇到的一些刺激可以增强神经系统的反应能力,使神经系统对外界变化的调节能够更迅速、更准确地做出判断,并与之进行相应的调整和支配。例如,锻炼者由于外界气温升高或者运动时体内积累的热量达到一定程度时,神经系统会及时做出调节性的反应,并将命令传达到相应的器官,使皮肤的血流量增大,皮肤表面毛孔张开,汗液排出,进行散热。同样,当人体受到寒冷的刺激时,神经系统会对寒冷的刺激做出反应,使肌肉紧张,皮肤血管和毛孔收缩,血流量减少,减少体内热量的挥发。

5. 体育锻炼对预防身心疾病的影响与作用

体育锻炼作为一种时尚的休闲活动,因其普及性强和对促进人体身心健康的效果显著,而得到了广泛开展。就体育锻炼对预防身心疾病的影响与作用而言,具体表现在以下几个方面。

(1)体育锻炼对预防高脂血症的作用。现代物质生活水平的提高,人们的饮食结构也发生了改变。如各种肉食(动物脂肪类食物)已在餐桌上常见,造成体内脂肪大量堆积,血液中胆固醇的含量增高,导致高脂血症人群大量增加。高脂血症是诱发动脉硬化、血栓、冠心病等疾病的主要病因之一。

体育锻炼是防治高脂血症的最有效的方法。因为长期坚持适度的身体运动,可以有效地降低锻炼者血浆胆固醇和血清甘油的浓度,增强动脉血管壁的弹性,减少血管硬化。同时,体内的血浆纤维蛋白的活性受到身体运动的刺激而增强,它可以调节自主神经系统的功能,防治血液凝结,保证血流的通畅。此外,体育锻炼还能刺激人体产生高密度脂蛋白,这种蛋白自由进出动脉血管壁,清除掉已经沉积在血管壁上的血脂,并把它转送到肝脏,使之能分解。除此之外,体育锻炼对预防心脏病的发病率有着明显的效果。心脏病是现代社会中人们的常见病之一,在国内外心脏病每年的发病率都在上升。现代医学研究显示,心脏病患者的年龄有明显年轻化的发展趋势,尤其是脑力劳动者。身体锻炼不仅可以改善冠状动脉循环,增加冠状动脉的供血量,降低血脂浓度,而且可以大大减少心肌缺氧缺血的发生,从而达到增强心脏的功能,有效地防治心脏病的目的。

(2)体育锻炼对预防骨骼关节疾病的作用。人在进行身体锻炼时,总会与全身的骨骼关节活动有关。如:上下肢关节会经历屈伸、旋转等的动作过程。这些动作将会使肩关节、肘关节、髋关节、膝关节和踝关节得到全面的锻炼。身体锻炼在增强肌肉韧带强度的过程中,也提高了关节的灵活性,从而对风湿性关节炎起到一定的预防和治疗作用。此外,身体锻炼还可以有效地防治和延缓骨质疏松症的发生。关节炎是由免疫功能障碍引起的结缔组织胶原纤维的炎症反应。关节炎的种类很多,引发关节炎病症的因素也较复杂,其中膝关节炎是最常见的一种。治疗关节炎的传统方法是服用药物、关节注射和切除发炎的关节囊内膜。该方法虽然在一定程度上可以缓解关节的疼痛,但并不能从根本上恢复关节的活动功能。身体锻炼是恢复关节功能最好的方法之一,如健身走锻炼,在一定节奏的配合下的行走对关节的刺激性小,而且可以加速关节部位的血液循环,使关节部位获得更多的营养物质,同时还可以使关节周围肌肉和肌腱得到锻炼,增强其收缩的力量,从而达到逐步恢复骨骼关节活动功能的效果。

(3)体育锻炼对防治癌症的作用。癌症是威胁人类生命的最大"杀手"之一。就目前而言,我们人类至今还没有找到一种有效治疗癌症的方法。不过现代医学、体育学等多学科研究成果证明,体育锻炼对癌症防治是最有效的。实验研究表明,经常进行科学而适度的身体锻炼,可以改善体内免疫细胞的组织结构,同时也可以增加血液免疫细胞的含量和细胞膜上受体的活性。因为受体是免疫细胞膜上的一种特殊物质,它的主要作用是发现并消灭病变的癌细胞或其他侵入人体的细菌、病毒等。除此之外,长期进行身体锻炼还可以刺激胸腺分泌更多的胸腺素。胸腺素可以提高免疫细胞的活性,恢复病人已经退化的免疫系统,提高免疫系统的功能。身体锻炼还可以调节体内的内分泌系统,从而使体内的各种激素保持在正常的水平,为降低各种癌症的发生概率提供了可能。

(4)体育锻炼对预防心理疾病的作用。随着社会的快速发展,人们的生活节奏越来越快,工作压力也越来越大。这一社会现状将直接影响到人们的精神生活和生理活动,并极易产生心理上的疾病。心理疾病在精神上主要表现为:精神空虚、情绪低落、经常郁闷、缺乏自信、自尊和紧张焦躁等症状;在生理上主要表现为体质下降、食欲缺乏、嗜睡、失眠等症状。这些心理上的疾病对我们正常的工作和生活都会造成不良的影响。现代科学研究证明,身体锻炼可以刺激一种叫做"内啡呔"的化学物质的分泌。这种物质具有振奋精神,抑制低落情绪,使人产生欣快感的作用。因此,在身体运动之后,人们不仅会感觉到心情轻松愉快,而且在良好的精神状态下也会减轻病症在生理上的反应,从而达到防治心理疾病的效果。

(5)体育锻炼对缓解心理紧张和舒缓情绪的作用。人作为社会成员都会在工作、生活、学习等方面承受不同程度的压力,这种压力会使人在精神上经常处于紧张状态。体育锻炼可以使人在运动过程中的心情得到轻松愉悦。因此,体育锻炼对缓解紧张和愉悦身心均有着积极的促进作用,使人感觉更加轻松和愉快。除此之外,体育锻炼对舒缓情绪也有良好的效果。如健身操、健美操等健身运动是随着有节奏的步伐和上肢配合有节奏的摆动而进行的体育锻炼。它会使紧张的肌肉和神经随着节奏而逐渐地舒缓下来,并进入到这种有节奏的享受中去,从而使锻炼者的整个情绪都变得和缓起来。健身锻炼时,身体肌肉的放松,其精神也随之变得放松。因此,健身锻炼身体不仅是一种科学有效的休息方式,而且对舒缓情绪也同样有着影响作用。

第二章 体质监控研究进展

2.1 青少年体质健康理论

2.1.1 体质健康的含义

对青少年体质健康进行研究,给予必要的干预和指导,首先就要了解体质和健康的内涵和关系。

体质由体能、体格以及适应能力等方面构成,它是指人体的质量。它是基于先天性及后天获得的观点,在此基础上所体现出来的人体的形态、生理和心理等多方面稳定的综合特征。青少年处于发育高峰期,同时学校也是人生向社会过渡的重要阶段,此时青少年体质的强弱可以从人体当前时期的心理、生理以及形态等方面所表现出来的综合、稳定的状态来界定[12,13]。

体格是由身体姿态、身体的整体指数及比例、生长发育的水平所表现出来的人体的形态结构,与青少年学生家庭环境、遗传因素和饮食习惯有着密切联系。

体能主要是身体素质和活动能力的体现,它是在肌肉活动过程中,评价运动个体各身体结构在运动期间表现的机体运动能力,生活习惯和运动习惯对于青少年体能有着直接影响。一般将体能划分为身体素质和活动能力两个方面,身体素质一般指个人的耐力、柔韧性、爆发力、力量等,基本活动能力包括走、跑、跳、投掷、攀爬等方面[11]。

"体质"与"健康"的概念有所区别,体质应该是一个综合结构体系,包括生理功能、身体形态、运动机能、适应能力等方面,具体各个部分的评价指标由以下几个内容构成。

(1)身体形态。主要由身高、体重、脂肪含量、体成分等指标表现。

(2)生理功能。各组织器官的工作状态,机体新陈代谢能力,大脑对于机体的整体控制能力等。

(3)身体素质。如力量素质、柔韧性素质、耐力素质和爆发力等。运动能力发展水平,即在身体素质的调节下,表现出来的心肺功能、柔韧性、力量、速度、爆发力等,具体来说就是从事各项运动的能力,如跑、跳、投、举重、攀爬等身体活动能力。

(4)心理素质。即认知能力、承受能力、意志力、态度观点等。

(5)适应能力,指与外界的交互能力,是否能够适应外部对个人的发展要求,以及抵御疾病能力等。

体质的好坏受这五个方面共同的制约,任何一个条件的缺失都将会对个人体质产生不良影响。在对青少年体质进行测试和评估时,通常是基于以上五个方面制定考核方案和等级标准。在《标准》中,学生身体形态使用身高和体重作为标准,同时辅以视力等指标;跑、握力、台阶指数、坐位体前屈、肺活量以及引体向上、立定跳远等来评估身体素质、运动能力以及生理功能。但是,目前仍未找到合适的量化指标可以用来评定心理能力和适应能力。

体质是健康的物质基础,健康是体质的外在表现。体质体现出人体能否维持良好的健康状态。健康比体质所涉及的范畴更为广泛。体质范畴主要体现在身体形态、身体素质、运动能力、生理功能、心理能力和适应能力等方面,而健康除了以上几个方面外,还有心理卫生、疾病预防、生活方式、处世态度等方面[14],如WHO在"健康标准"中所说的较强的应变及适应能力、积极乐观的生活态度、心胸开阔、责任感强等。对于青少年,尤其是大学生而言,优秀的体质是健康的物质基础,增强体质是促进身体健康的有效手段。在拥有健康体质的同时,加强心理健康的培养,才能适应社会对于大学生的要求。

2.1.2 青少年体质健康综合评价的目标

青少年体质健康评价是全国高校体育工作和教学评估体系的重要部分,合理、恰当、准确地评价青少年体质健康,对于学校体育课程的设置和开展有着重要的指导意义。对青少年个人而言,体质健康评价指标如何更加准确、科学、高效、便捷,将是此项工作是否可以顺利开展的关键,其结果可以准确、合理地反映青少年的体质是否健康,所反馈给青少年的相关的健康信息能够激励青少年更加主动、自觉地去加强锻炼,使得青少年的体质健康水平不断地得到提升[15]。

对青少年的体质健康进行长期的监控与评价，可以使我们更加准确地预测其体质健康的发展趋势，对运动处方的开发、科学有效的体育锻炼以及提高体质健康的水平都有着不可忽视的作用。我们应当努力地探索并不断地完善体质健康的评价方法，从而来适应时代的进步和社会的发展。

伴随市场经济的不断蓬勃发展，社会的发展需要青少年不断提高自己的综合素质。经济的全球化、市场的规模化、社会职业的细致化、知识的尖端化、人才竞争的白热化，都迫使青少年拥有强大的综合素质。道德、智力、心理、健康、角色作为反映青少年综合素质的五大方面，其在学校教育中的人才培养方面表现出不同程度的重要性，然而在具体实施方面也存在某些不足[11]。

在就业的影响因素方面，青少年人群中的大学生普遍面临很多不确定性因素。这五个层面互相联系、彼此影响、协调决定了大学生的综合素质。大学生的健康素质包含很多方面，如表现生命指标的耐力、毅力、体力、精力等，同时还与智力、道德、心理、角色等因素关联。大学生的心理素质主要为独特的个性心理特征，如个人气质、独立性格、办事能力和个性倾向性，又如目的、需求、爱好、理念等。大学生的智力素质主要分为专业技能、技术知识、思考问题和解决问题的能力等方面。大学生的社会形象包括规范角色、适应角色、认同角色、综合角色等诸多方面。以此带来了社会与大学生在以下方面的竞争：一是由于工作岗位为寻求合适的人才而形成的竞争；二是由于个人之间为追求理想的职业而形成的竞争。

2.1.3 研究青少年体质健康的意义

1. 青少年体质健康状况是实施科学健身的根据

作为《国家体育锻炼标准》的一个重要组成部分，《国家学生体质健康标准》是其在学校中的一个具体应用。在第三次全国教育工作会议中指出，要把保证学生健康发展作为学校教育的指导思想，把学生培养成为健康、智力、心理、道德、角色等全面发展的综合素质人才。在这个指导意见的推动下，全国开始大力推行《学生体质健康标准》测试，确保学校体育课程顺利开展，学生积极参加体育运动，以此不断提高体质健康状况，为全面发展打下良好基础。

学生个人可以通过《国家学生体质健康标准》测试,清楚地了解到自己体质与健康的状况,并监测自己体质与健康状况的变化程度。同时,还可以通过这些体质与健康状况的测试,有目的、有针对性地制定锻炼目标和方案,合理地安排自己的锻炼时间,完成锻炼计划,达到锻炼目标,提高体质与健康状况。

2.青少年体质健康状况是学校体育教学改革的依据

在我国各级学校,一般都采用《国家学生体质健康标准》对学生体质健康状况和锻炼效果进行综合评价,《标准》对于我国学生不同项目测试成绩进行了规定,对运动和体质健康提出了相关要求,不仅是学校考核学生的标准,同时也是个体自我评估的指标。学校体育教育的原则和宗旨,就是全面提高学生的身体素质,促进学生身心健康发展。以学生体质健康标准要求为基础,全方位地提高学生的体质健康水平。

伴随着《国家学生体质健康标准》的进一步实施,学生体质健康状况也得到了国务院和国家教育部的高度关注,相关部门出台了一系列政策来提高学生的体质健康水平,例如2007年开始的阳光体育活动等。在《国家学生体质健康标准》中,"健康第一"的教育理念有了很充分的体现。这就要求在进行学生体质健康教育时要"教测分离",而不是测哪一项再单独的训练哪一项。但不可否认,《国家学生体质健康标准》中的一些测试项目或多或少影响到了现在体育课中练习的项目。

因此,要不断努力创新,改变以往的体育教学模式和授课方式,例如,将身体素质训练穿插在日常体育课时之中。这样的好处就是,更加切实地完成《国家学生体质健康标准》对于促进学生健康的要求,从不同方面提高青少年的体质状况,同时又可以通过调整相应的教学内容,使学生的体质水平得到全面的提高。

2.1.4 体质的影响因素

体质的相关影响因素众多。多年来,国内外众多研究人员主要从以下几个影响因素对体质进行研究:遗传基因、性别差异、年龄大小、地域差异和外界环境等[16,17]。本书将从以下三个方面为出发点,对体质影响因素进行探讨。

1. 人体原因

在机体内外环境若干种复杂因素共同作用下,个体会形成不同的体质。影响体质形成的因素千差万别,但大体可分为先天因素和后天因素。

先天因素是指小儿出生以前在母体内所禀受的一切特征,也就是人们常说的禀赋。从中医学的角度来说,先天因素不仅包括了子代从父母双方继承的遗传性,还包括子代在母体内发育过程中的营养状态,同时母体在此期间所给予的种种影响也是先天因素的一个重要方面。而"父精"的质量受父方的元气盛衰、营养状况、生活方式、精神因素等作用,也会影响到子代的先天因素。

先天因素作为形成体质的基础,是决定个体体质强弱的先决条件,在体质形成过程中,起到了决定性的作用。子代先天因素的厚薄强弱来源于父母生殖之精气的盛衰,从根本上影响着子代的体质。由此可见,子代的形体起源于父母,父母的体质对子代的先天因素起到了决定性的作用。父母体质有强弱之分,导致子代禀赋的厚薄,表现在体质上有诸多差异,如身体强弱、高矮胖瘦、肤色深浅等。更有甚者一些先天性的生理缺陷和遗传性疾病,如鸡胸、龟背、癫痫、哮喘等也均由父母遗传而来。先天因素,特别是遗传性状是个体身心发展的基础,它从根本上影响着个体的智力、体力,是个体体质强弱的基础[18,19]。

但是,先天因素对个体体质的基础性作用也仅仅是为其发展提供了前提条件,而真正要实现体质的增强,则依靠的是环境、营养和加强锻炼等后天因素。

在人的一生中,体质将随着后天各种因素的变化而不断改变。每个个体的一生都是从儿童少年到青壮年,再到老年,而在这一过程中,处于不同阶段的人,其各器官活动机能与气血盛衰均存在着显著的差异,从而造就了体质的差异。按人群区分,不同年龄段的人,其体质差异明显。就不同的个体来看,其体质伴随年龄的增长而不停改变。良好的生活居住环境、健康的饮食起居习惯、稳定的心理情绪,均有助于增强体质,促进身心健康。反之则将导致体质变弱,严重时导致疾病。

现代社会,随着人类物质生活水平及精神文化水平的持续提高,人们更加注重健康,希望自己能更加长寿。因而在一生中如何保养、提高体质逐渐成为人们最关心的课题之一。改善后天因素,可以在很大程度上弥补先天因素的不足,从而达到以后天养先天,使弱者变强而强者更强的目的。

个体生命总是一个生长壮老的发展变化过程。其中,处于青壮年期的人,其气血也处于最佳状态。相对而言,儿童少年期与老年期的体质就较弱,而这两者之间又有着明显的区别。在《灵枢·营卫生会》中就有了"老壮不同气"的概念;而在《灵枢·天年》中,以十岁为一个阶段,分阶段阐述了体质在人由少及老的过程中的不断演变以及每个阶段的不同特征。

综上所述,体质随着年龄的增长而不断发展,儿童时期身体处于发育阶段,饮食营养、生活环境、器官能力构成了体质发展的基础。青壮年时期正是关键阶段,此时生活习惯、运动习惯对体质健康成型具有决定性作用。而在老年阶段,各器官能力又随着年龄的不断增大而慢慢衰退,和儿童时期一起,都是体质能力较弱的阶段。青年时期人体体质最强,身体器官的发育日趋成熟,接近最佳水平。

2.环境因素

作为对人类体质有重大影响的另一因素——环境因素,它又可以称为"地域方土"。在中医学范畴内,治病的时候要结合不同地域因素,不同地域的人体质不尽相同,治病也要"因地制宜"。"善疗疾病者,必先别方土。方土分别,远迩高卑,而疾之盛衰,人之强弱因之矣。"这是《医学阶梯》中的言说。

地域方土的不同导致了其气候环境、水土性质以及生活习惯上的差异,由此导致不同地域的人在体质上的不一致。南方湿热多,北方寒燥多,东部和西部则分别为海洋性和大陆性气候,长期生活在不同区域内的人们对沙漠、高原、平川、山区等不同自然环境都产生了相应的适应性状态。在《医学源流论》中有这样一段话:"人禀天地之气以生,故其气体随地不同。西北之人气深而厚,东南之人气浮而薄。"

在通常情况下,在较为舒适的气候环境中生活的人一般都是体质较弱、性格温顺,而在较为恶劣的气候环境中生活的人一般都是体魄健壮、气质刚悍。而对人的体质产生重要影响的另一个因素则是类似于水、水果、肉食等这些维持生命的食物。区域不同,人们的饮食种类和习惯也有很大的差异。比如说北方人喜欢面食、南方人喜欢米饭,四川好辣、浙江好甜等。不同区域内人群的体质同时也受着这种不同的饮食种类和习惯的影响。

最新研究结果显示,地理区域的不同导致了人体体质结构的明显差异,特别是在病理体质方面。例如,南方人比北方人阴虚质明显,北方人比南方人阳虚质明显,长江中下游地区痰湿体质的人所占的比例要低于沿海地区等[20]。

3. 社会因素

社会因素是客观存在的,它对人的体质的影响往往特别容易被人忽略,但这却是一个非常重要的影响因素。社会因素对人类的影响有好的方面也有坏的方面,大多数时候社会因素给幸运的人类带来好的影响,但有时人类也无端地接受一些不良的社会因素的影响。社会医学开始对这些问题做一些研究,同时人类的组织者和领导者也将这一问题纳入职责范围内开始引起重视。社会因素包含的内容很广泛,主要分为下列几个方面。

首先是由于社会发展水平的不同所决定的经济社会。经济生活不协调是人类体质下降的一个重要原因,人类的经济生活太过富足或太过贫困,对人的体质和健康状况都是不利的。在生活水平过高时,人们就会安于现状,不思进取,就出现"膏粱自奉"的现象;而生活水平太低时,人们又容易风餐露宿,饥寒交迫,就是所说的"藜藿苟充"。这两种情况对人的体质和健康水平的提高都是起反作用的。人类的劳动状态和生活节奏也随着社会经济生活而不断改变。随着现在社会的发展和工业的不断兴起,环境污染越来越严重,同时人类的生活节奏越来越快。富裕的物质生活、严重的环境污染和快速的生活节奏结合在一起,像一把双刃剑一样影响着人类的健康。它们影响着人类身体和心理两个方面,导致人类的疾病越来越多,越来越罕见,从而使人类整体的体质和健康水平不断下滑。

其次是由于社会制度和宗教信仰的不同所决定的意识形态。现在社会的好坏,我们一时无法评判,但综合来看,人们对物质生活的不断追求和对道德伦理的不断忽视,这种人类身体和心理素质不断下降的现象是意识形态的结果。

再次是由于现代社会表现出来的价值观和人生观,使得人们越来越重视自己的社会地位。社会地位是人们生活方式的决定因素,它与相对应的经济地位是分不开的。这只是一个方面,社会地位是很多因素造成的,它的变化也会直接改变和影响人类的体质状况。《素问·疏五过论》中讲述的"诊有三常,必问贵贱"也是这个道理。

最后是由于工作环境、劳动强度、经济收入、地位高低的不同决定的职业。不同体质类型形成的因素之一就是不同的职业。总结前面所有的观点得出：人的体质受社会因素的影响是不可轻视的，所有经济生活、意识形态、社会地位和职业这些社会因素对人的体质造成的危害，必须受到全社会的重视，要想方设法从各种方面提高人的体质健康水平。

2.1.5 青少年体质健康国内外研究与应用情况

2.1.5.1 青少年体质健康国内研究进展

1. 现状趋势研究

1979—2005年共开展了六次全国性大规模学生体质状况调研，为充分了解学生体质健康发展状况，提供了主要依据。在国家教育部的组织和领导下，众多科研机构和大专院校结合《标准》的实施，对本地区学生体质现状做了深入分析，同时对影响体质健康发展的成因进行了剖析，为制定和完善我国学生体质标准，加强学校体育教育工作，促进学生健康提供了科学依据。

体质研究为促进健康发展提供了坚实基础，二者联系可以得到如下结论：良好的体质标志着良好的健康，意味着能够安全地从事体力活动和预防由于运动不足而引发的各种疾病。以此为基础逐渐修正体质研究的方向和重点，最终将体质与健康紧密结合在一起，使之成为一门既严谨又实用的科学。我国体质相关概念主要参照中国体育科学学会的定义，学生体质健康测试的操作方案也随着健康理念的变化不断地调整测试指标体系，通过《学生体质健康标准》的实施，每年对学生体质监测的一步步实施使国民体质评价指标、方法已越来越完善，对国民体质健康起到了一定的促进作用。

大量学者结合《标准》测试结果，对当前青少年群体中的大学生体质现状做了分析。1979—2005年间六次大学生体质健康测试数据整体表明，大学生群体在身高指标上表现出逐年递增的趋势，地域性方面城市大学生优于农村大学生，但是这种差距随着年代的推移显示出逐渐缩小的趋势；体重方面，男女生都表现出逐年增加趋势，城市男生BMI值大于农村，女生正好相反；所有学生在肺活量、50米跑及耐力跑等身体素质方面均呈现出下降趋势，总体上来看，运动机能和耐力素质方面，男女大学生均表现出下降趋势；超重及肥胖现象呈现出显著性升高趋势[11]。

此结果表明：伴随中国的改革开放和现代化进程的加快，大学生整体身体素质呈下降趋势；超重及肥胖现象严重，对大学生体质健康的发展产生严重影响，应重视大学生体质健康管理工作。

2000年、2002年、2004年教育部对全国学生体质进行的测试同样也反映出学生体质状况整体不佳的现状，尤其在某些体能素质、身体机能方面，存在相当严重的问题，例如肺活量指标持续表现出下滑趋势。这些问题与青少年体质健康密切相关，如不解决，将对青少年身体健康发展产生严重影响[16]。

从分析来看，青少年体质下降已是不争的事实。体质下降最直接的反映就是身体形态和身体素质的下滑。身体形态对评价学生的身体匀称度、生长发育及营养状况水平具有重要意义，同时对人体的生理机能、身体素质和运动能力产生重要的影响。身体素质和运动能力密切相关，与人的健康水平、日常生活、工作能力紧密相连。身体形态和身体素质共同对学生日常生活和体力活动构成影响，是劳动和生活的基础，与健康、高效的生活、娱乐和工作有密切关系。

王晶(2012)以泰安市大学生为研究对象，通过分析体质健康现状及其发展趋势，为改善学生体质健康提供科学依据[21]。在2006—2010年五年期间，大学生身高、体重、胸围等身体形态发育方面呈现出逐步提高趋势，但体质健康方面五年来整体呈下滑趋势，主要表现在女生低体重和男生肥胖数量逐年增加，情形不容乐观，要求在健康指导方面对男女学生区别实施，有区别和针对性制定体育锻炼计划。研究同时反映，身体素质方面，如大学男生力量素质以及女生柔韧素质虽然好于全国水平，但也呈现出逐年下降趋势。整体来看，受试大学生体质健康状况不好，测试成绩比例分布不合理，优秀和良好成绩学生比例较低，而处于及格水平学生人数相对《国家学生体质健康标准》要求呈现上升趋势，但达到优秀成绩人数不多，不及格率逐年上升，男生尤为明显，女生的体质健康总体情况优于男生。

李静芳(2012)在《2008—2011年大学生体质健康状况的动态分析》文章中指出，当前大学生体质情况呈现严重下滑趋势，形势不容乐观[22]。以山西师范大学学生体质测试数据为研究样本，通过文献资料法、问卷调查法、体质测量法、逻辑分析法和数理统计法等方法，对2008—2011年间山西师范大学学生体质健康测试数据和影响因素进行统计分析，结果不尽如人意。整体来看,男、女学生体质均呈现出连续显著下降趋势,测试成绩方面不及格比例逐年升高,体重逐年上升,男生体质较女生而言更差;从测试结果来看,男、女学生呼吸系统机能均处于较低水平,导致肺活量、肺活量体重指数和台阶试验指数均呈现显著下降的态势;体能方面立定跳远和握力水平成绩逐年下降,男生下肢爆发力不及格比例比女生小,但是肌肉力量不及格比例比女生高。

在对影响大学生体质健康水平的因素进行分析以后,发现学生对健康的认知与实际不符、缺乏营养、生活不规律、锻炼项目不得当、锻炼方式不合理、参与运动意识较弱、课业负担过重等是造成学生体质下滑的主要因素。

陈华卫(2007)以南京航空航天大学不同年级大学生的体育生活方式为背景分析研究,通过问卷调查形式,了解体育生活方式与大学生体质相互关系,以此探讨不同体育运动生活方式和大学生体质健康情况的联系[23]。调查结果发现:愿意从事体育活动的大学生人数在不同年级之间存在显著差异,一、二、三年级大学生拥有良好体育生活方式的人数呈现逐年增加趋势,但是到四年级时急剧下降至最低点,这种趋势与大学生体质达标结果的优良率的变化一致。在人数比例方面,拥有良好的体育生活方式的大学生人数占总人数的37.2%,而62.8%的大学生体育生活方式不健康。将这两部分大学生进行体质测试同时对测试结果进行分析得知,良好体育生活方式对于保持和促进大学生体质健康具有重要作用,对于提高大学生身体机能素质、运动技能、爆发力和耐力素质也具有积极作用。良好的体育生活方式可以让大学生全面发展,因此,要改善大学生的体质羸弱现状,一方面是要提高学生自我锻炼的意识,改掉不良生活习惯,另一方面学校也应该加强监管与督促,为学生提供良好的外部环境。

当前大学生身体素质和身体机能的下降,会为现阶段的学习生活带来负担,同时也为将来五六十年的体质健康产生不良的影响。近几年,大学校园内各种原因造成的猝死事件有上升趋势。青少年正处于生长发育期,各个器官正逐渐发育成熟,从体质到性情都具有很强的可塑性,应通过良好的习惯为健康体魄打下基础。大学期间应保持和巩固现有健康状况,为今后适应更加复杂的社会生活做好准备。

2. 对策研究

促进青少年体质健康发展,是需要学校、社会和家庭共同努力的。学校作为学生日常生活的主要场所,在这个方面尤其要提高重视程度。然而在当今的教育制度之下,对于文化教育的重视程度要远远大于对于体育的教育,中学教育都是围绕高考为中心,课程设计也都是以应对高考为主,体育教学名存实亡。由此造成的学生体质差、运动能力差、体态臃肿已经是普遍现象。尽管中国教育改革早就提出了"素质教育",但是对于体育教育的重视仍然只是止于形式。

针对当前大学生体质较差的现状,学校必须加强对于普及运动习惯的实施力度。刘立清、浦阳(2008)对肥胖与正常体重大学生体力活动量与锻炼习惯进行了调查研究,以此了解男、女大学生肥胖人群与正常体重人群体力活动量的差别与锻炼习惯的差异[24]。研究表明,两种不同体型人群在体力活动量方面存在显著差异。体力活动量方面,体重正常组男、女大学生均优于各自肥胖组。在锻炼习惯方面不同体型大学生组也存在显著差异,男、女大学生肥胖组显著低于正常组。他们最后要求,学校要在大学生健康体型及体力活动方面提高关注度,鼓励学生养成良好的锻炼习惯,同时,大学生自己也要多多关注自身体型发展,控制好体重,积极参与运动锻炼,为体质健康的良性发展做好充分准备。

我国普通高校体育课是必修课,而体育课的教学内容多为必修项目和学生自选项目,如此设置,有利于学生选择自己喜欢的体育活动,提高参与热情和锻炼效果。然而目前大部分高校仍然只在一、二年级开设体育课,针对三年级只开设课时很少的体育选修课,部分学校甚至三、四年级都不开设体育课。

针对部分高校学生的调查问卷显示,大部分学生希望在大学阶段全部开设体育课程,以此来增加体育锻炼的频率,促进体质的健康发展[25]。

针对目前大学体育教育形式,需要适时作出调整,使其更加利于激发学生投入运动的热情。杨玉伟(2009)根据《学生体质健康标准》要求对本校大学生进行体质健康测试,将测试结果进行整体分析统计发现,部分与体质健康相关的指标对于教学计划的设置和实施具有紧密联系,以此加强体育课教学目标、教学内容、组织形式、实际操作的改革[26]。文章最后要求体育课程与健康促进要以体质健康教育为基础展开,最终使体育教育内容和方式摆脱单一模式,全面提高学生体质健康水平[26]。

学校通过体育教学对学生培养良好的锻炼习惯能够发挥重要作用,促使学生在课余时间能够独立自主地进行体育相关活动。课余锻炼已成为相当一部分学生课余活动的重要活动方式之一,大部分学生的课余体育锻炼参与面较高,但活动量相对不足,而且锻炼的方式、场所及锻炼的项目等均存在较明显的集中趋势,大多数学生对课余体育锻炼抱有兴趣,锻炼价值取向具有多元化特征。

然而在大部分学校,受场地设施、器材、消费等因素制约,学生从事体育锻炼的频率与规模低于国家标准。课余体育活动参与率、每周锻炼次数、每次锻炼时间、锻炼兴趣等方面存在明显的性别差异。在新生入校时进行的体质健康状况检查结果表明,迫于升学压力、繁重课业等因素,学生在高中阶段无法有效进行体育锻炼,这也是导致部分测试结果远低于国家标准的原因之一。

王峰(2011)在《山东省大学生体质健康状况分析与对策研究》一文中,针对大学生参与体育锻炼情况进行深入分析,结果显示大部分学生还是可以按照规定要求在体育教学时间内进行体育锻炼,但是也存在部分学生为了拿学分应付考试的现象[27]。

将2005年和2010年的学生测试指标进行对比发现,伴随国家在高校体育教学方面政策的陆续出台,学校在体育设施的投入、运动环境的建设和监管方面加大力度,学生整体体质水平逐渐呈现上升趋势,但是效果并不显著。

因此,在提高学生体质健康方面,国家要提高管理力度,建立学生体质监管的长效机制;学校应当加强落实力度,督促学生培养良好锻炼习惯,为学生创造良好锻炼氛围;全社会应该提高思想认识,推动全民健身事业的发展,加大宣传力度,树立牢固的终身体育观念。

房亚南(2012)在《大学生体质发展现状及影响因素与对策的研究》中,同样也发现我国大学生体质水平呈现逐年下降的问题,针对现状,作者建议政府应加强体质健康重要性的宣传和实施督导力度,引导学生提高健康认识,促进对运动锻炼的兴趣;学校应完善场地设施,加强师资力量,完善学校的体育工作制度和评价体系;大学生自身应养成良好的生活习惯,积极参与体育锻炼,不断增强自身的体质水平;全社会应共同为大学生创造良好的体育锻炼氛围,为大学生体质健康发展营造良好的外部环境[28]。

提高大学生体质健康水平,本身就是一个庞大的工程,需要各方面积极参与共同努力,社会和学校的监管、运动氛围的营造、大学生本人的热情参与是达到目标的根本手段。

祝娜(2013)以苏州大学 2008 级本科生在校四年体质健康测试结果为研究对象,对普通高校大学生 4 年期间体质健康状况进行了调查与分析[29]。研究表明,学生在校四年身体形态、身体机能、身体素质三方面整体呈现下滑趋势,在以《体质健康标准》为基准进行测试时,总评成绩和达标率不高,这也与之前相关研究结果一致。针对此情况,祝娜也提出个人建议:第一,学校应加大在学生体质监管和评估方面的力度,切实落实《学生体质健康标准》工作在大学生体质测试方面的实施,将学生综合考评与《国家学生体质健康标准》达标成绩挂钩,引导大学生形成自主参与体育锻炼的良好习惯,切实提高大学生体质健康水平。第二,加强对公共体育课程改革的力度,结合实际情况编排课程设置,使得大学生能够有充分时间和精力去参与体育课,进行运动锻炼。第三,给予大学生社团充分的发展机会,建立体育运动俱乐部,积极开展运动比赛,丰富课外体育活动种类,使大学生养成自觉参加体育锻炼的习惯。第四,提高学校对于学生参与运动的监督作用,在体育教学中,应增加学生耐力、爆发力和柔韧性等身体素质练习的时间与强度,改进教学形式,有效提高大学生体育课堂学习、锻炼的效果与质量。

通过提高测试结果分析的客观性和全面性,能够准确把握影响学生体质发展的关键因素。依据《国家学生体质健康标准》要求,以身高、体重、肺活量、台阶指数、握力、立定跳远六项指标作为指标体系,构建分级模型,通过对相关研究结果进行分类和总结,综合评估不同大学生体质健康水平。结果显示该模型的判别效果是非常显著的。在对模型进行验证时,通过回带以检验其有效性,结果显示对实际结果的预测较他模型有更高的准确性,对学生体质健康水平进行评价具有借鉴意义[30]。

陆湘群(2013)以上海部分高校大学生作为研究对象,对体质健康测试结果进行分析[31]。同时,依照《标准》要求,将检测和干预进行关联,在整体框架下对监控实施机制进行分析,以达到提升体质管理监督质量,促进大学生健康发展的目的。文章从行政管理学和体育管理学的视角,通过调查分析《标准》在各高校的实施情况以及上海大学生体质健康监测现状,找到了在大学生体质健康监控过程中存在的问题,以及在社会管理方面显露的瑕疵,给相关社会管理部门提供了积极参考意见,以确保政府在大学生体质健康监控过程中始终保持主导地位,各项条款都能顺利实施,为今后相关政策的出台提供客观翔实的依据。

3.体质健康与疾病研究

经济的发展和社会的进步,促使生活方式发生巨大变化。信息高速化、交通便利化、生活便捷化与青少年所处的紧张学习环境和强大的就业压力,使得静止成为大部分学生在校的主要生活方式。青少年依然处于青春发育阶段,生活模式的改变对体质发展产生了重要影响。临床、流行病学和基础研究都表明参与规律性的体力活动有利于预防慢性疾病的发生和增进身心健康。横向流行病学研究及对照性实验调查已经表明,相对体力活动缺乏者,有运动习惯的人群倾向于发展并保持较高的身体素质,也证实了青少年学生参加规律性的体力活动对几种常见的慢性疾病有预防和治疗作用,同时也显示低水平的体力活动和低水平的身体素质与各种疾病的发生率与死亡率增加有关[32]。

在2006年8月举办的"首届中国青少年体质健康论坛"上,对多年来体质健康数据进行了分析,同时对如何改善青少年体质现状提出了建设性意见。调查报告显示,青少年学生肥胖率激增,尤其以男性居多。肥胖本身会对人体生理机能产生严重影响,同时还会诱发心血管疾病,破坏人体健康,诸多专家学者对其进行了深入的研究。

长期有规律地从事体力活动对健康的促进效果已被大量实验和理论佐证。研究表明,多种慢性疾病,例如Ⅱ型糖尿病、心脏病、中风、肥胖、高血压以及部分癌症的发病,都与规律性体力活动缺乏有关。通过合理的运动干预,对于人群的体质健康具有良好的促进效果[33]。邹志春和陈佩杰(2010)研究表明,青少年体质下降与肥胖率攀升有一定联系,青少年心血管疾病发病率上升的主要因素源于体质下降,不良体质学生最容易产生心血管相关疾病[34]。体力活动的缺乏对青少年体质与心血管疾病危害有直接影响。结果表明,要解决这一现象,最重要途径就是加强体力活动,培养良好的运动习惯,提高身体素质,以健康促进的方式来减少或者规避心血管疾病发病的几率。

不合理的生活习惯、高热量的饮食、缺乏运动以及荷尔蒙干扰是造成能量不平衡的主要原因,其中,以运动锻炼的缺乏对肥胖构成的影响最为严重。

因此,加强人体的运动,提高体力活动量,对于有效预防和控制肥胖有着不无裨益的效果。

2.1.5.2 青少年体质健康国外研究进展

在世界上,许多国家对体质健康的研究都很重视。在很早以前,西方国家就已经开始对体质进行了研究。公元前4世纪,"医学教父"希波克拉底就以朴素的唯物主义辩证法为基础,提出血液、黄胆、黑胆、粘液是构成人体的4种体液,人体体质的差异就是由于这几种体液在人体中的比例及搭配不一所导致的,这就是著名的"体液学说"。在此学说的基础上,根据人的体力及体型差异,他又将人体分为不同的体质类别:润湿型、肥胖型以及强型和弱型[35]。

自从21世纪以来,全球很多国家和各大机构都对如何提高青少年体质健康进行了深入研究,主要表现在如下几个方面。

作为经济和科技均处于全球领先地位的美国非常重视对国民体质的研究。为了不断促进其国民健康发展,美国将学校体育课程纳入青少年体质研究的范畴,结合各学校、各地区的区域特色建立特定的健身手段。同时,为达到不断加强人民体质的目的,促使全国人民的身心更加全面协调地发展,美国努力将体育、娱乐和卫生等诸多方面充分结合成一个完整的整体。美国健康、体育、娱乐与舞蹈协会分别在1958年、1965年、1975年三次对其学生进行体质健康测试,结果显示:1965年与1958年相比,学生的体质健康水平有所改善,然而1975年的测试结果与1965年相差无几。在1985年,美国对青少年儿童进行的体质测试结果显示:青少年儿童缺乏有氧体力锻炼。除此之外,美国将研究成果大力推广,将通过体质测试得到的一些意见和建议用于指导全民健身中,让大众都可以享受到更加科学、合理、有效的健身方式,以此不断提高体质健康水平。目前,美国有氧运动研究所的Fitnessgram方法是美国通用的体质健康测试方法,这种方法所测试的指标主要包括身体组成、柔韧性、力量与耐力以及心肺功能等几个方面[36]。

日本也非常重视体质健康研究,并且即将形成比较完善的测试研究体系(表2-1)。日本体质健康研究的历史可以追溯到明治1879年,在一些学生中开展身体活动能力的测试,从形态发育、精神状态以及身体机能等方面进行体质研究。形态发育主要包括身高、体重等常规测量以及体成分、骨骼等其他方面;身体机能主要以肺功能测试为主;体力的测定主要是指运动能力与体力的联系,外界环境对体力的影响,对体力的连续跟踪测试,运动与身心发展之间的关系等。其研究结果显示:日本学生在身体形态方面呈增长趋势,"北高南低"的区域差异也比较明显;同时,日本青少年已趋于达到身体发育的最大增幅,已有趋于平缓甚至下滑的趋势;耐力、身体柔韧性以及背肌力均在下降。日本在全国开始推进由文部省发布的《壮年人体力诊断、运动能力测验实施条例》、《小学生体育测试实施条例》,依照该《条例》进行了多年测试。日本发布了"日本人体力标准值"和"日本人体力测定标准表",以此为基础每年定期定点地进行体质健康测试,并将测试结果公布于众[37]。

表 2-1 日本体力测试标准力量测试项目演变表[38]

年份	测试对象年龄段	评价指标
1945 年之前	全体国民	曲臂悬垂、握力
1945—1960 年	8～18 岁	投掷、曲臂悬垂
1963 年	6～9 岁	握力、爆发力
1964 年	10～29 岁	垒球投掷、引体、跳跃、肌力、握力、俯卧撑
1967 年	30～60 岁	握力、纵跳
1983 年	6～9 岁	垒球投掷、立定跳远
2000 年至今	6～19 岁	仰卧起坐、立定跳远、垒球投掷、握力
	20～65 岁	仰卧起坐、立定跳远、握力

英国学者认为[39],体质测定应包括测试与评定两方面,其目的不仅仅是为了单纯的测试,更重要的是为了评估体质发展或改进的程度,诊断其优缺点,制定合理的运动处方,评价教学训练计划,以及为体质分类与预测等提供必要的依据。

为了更好地对各国体质测试制度的成果进行对比分析,从社会经济的角度出发了解其对体质状况的影响,欧洲联盟试着采取同样的测试方法来测试各国学生的体质状况。该项研究工作开始于 1978 年,结束于 1986 年,同时发布了相关的测试准则[40]。在整个研究过程中,为了更好地在各国有序地开展测试工作,收集对比分析测试结果,并最终对测试工作及结果给出合理的意见建议,欧洲联盟成立了尤罗菲特委员会。

2.1.6 体力活动与健康

健康不仅仅是远离病症或疾病,它实际上是指在身体、心理、精神以及社会功能等方面均表现出一种良好的状况。1989年,WHO(世界卫生组织)为健康概念进行了更加全面的补充:"健康是指在生理、心理和社会等多个方面均呈现出最佳状态,而并不只是说无疾病等。"这一定义明确了生理、心理状态良好且能较好地适应社会对于健康的重要性[41]。因此,身体健康只是健康的一个方面,它还应包含心理以及社会等多方面的健康。也就是说健康的定义应包含良好的体质、全面的体能、健康的心理以及优秀的适应能力等多个方面。

而在随后的发展中,WHO又将道德纳入了健康的理念,由此发展出一个"四位一体"的新概念,即身体、心理、道德以及适应社会的健康共同构成了完全健康。适应能力主要包括适应外界环境以及抵抗疾病的能力,它是一种机能能力的体现。评价一个人是否完全健康,除了了解其在身体方面、心理方面是否健康之外,还要研究这个人与社会群体的融入状况、在个人道德品质方面是否存在问题。

2.1.6.1 体力活动影响体质健康

体力活动的含义很广,包括许多方面,并且易与其他概念混淆。当前比较主流的定义是Caspersen等(1985)提出的:"任何由骨骼肌收缩引起的导致能量消耗的身体运动"[42]。体力活动在日常生活中可以分为工作、家务、交通、体育运动、娱乐活动等。这里所说的锻炼(Exercise)不同于体力活动,体力活动包含了锻炼。

Caspersen等(1985)将锻炼定义为"有最终和阶段目标的、有计划的、有组织的、重复的,以保持和/或提高体适能(Physical Fitness)为目的的体力活动。"

研究表明,大部分慢性疾病的发生都是由体力活动的缺乏导致的[33,34,43]。同时又有很多证据表明,经常参加体育运动和从事体育锻炼对预防慢性病、保持健康有积极效果。通过积极参与各种体力活动可调节机体的生理功能和代谢机制,而减少冠心病的发病风险;包括增加高密度脂蛋白(HDL)水平,降低血清甘油三酯水平,降低血压,有效预防动脉粥样硬化的发生;降低急性血栓形成的风险,提高糖耐量和胰岛素的敏感性;降低心肌对儿茶酚胺的敏感性以减少室性心律失常的危险性等。因此,体力活动对身心健康的维持与发展有益,且有利于预防或推迟发生慢性疾病的风险。

体力活动、能量消耗与人类健康(慢性病)之间存在密不可分的关系[13,43-45]。个体在进行体育锻炼过程中,机体肌肉的活动需要消耗大量氧气以及营养物质,也会产生大量二氧化碳,进而增加了呼吸系统的工作负荷。随着个体呼吸的加强,呼吸就会变得加深且主动,同时呼吸幅度变宽,使得肺器官的气体交换率得以提高。个体的膈肌和肋间肌也得到了锻炼,可以防御急性呼吸道感染、气管炎等呼吸系统疾病[46]。

美国运动医学学会(ACSM)提出,负荷训练和抗阻练习有助于提高骨骼密度,运动使骨骼密度增加的机制包括:机械用力刺激骨骼,激活成骨细胞,促进骨的形成。同时,运动还能增加骨骼血流量,进而促进前列腺素释放[47]。

较好的体质水平,可以预防疾病,减少慢性病的发生,降低死亡率,促进健康水平等,提高体质健康水平可通过适度规律的体力活动来实现,具有相当大的促进效果和益处[8]。生理学专家指出,发生疾病概率与身体能量消耗有高度关联性,人体如果每天可以消耗100卡(kcal)热量,罹患心脏病的概率可以降低三成[48]。中等强度的有氧运动能够大量消耗身体脂肪,经常保持适当运动的习惯,可以健壮体格,提高身体机能,使人拥有旺盛的精力和充沛的体力。

在20世纪90年代,美国运动医学会(ACSM)和美国心脏病协会发表针对体力活动的指南,建议成年人每周参与中、高强度的各种形式的体力活动时间不得低于30分钟[49]。

经常性参加体力活动,可以使儿童和青少年的健康水平和体能指标得到显著提高。相比于缺乏活动的青少年,活动积极的儿童和青少年拥有更高水平的心血管耐力和肌肉力量,更少的体脂百分比,发生心血管疾病和代谢性疾病的风险更低,焦虑和抑郁的症状较少,骨骼更加健康[50,51]。

对于那些超重和肥胖的人群,经常运动可以让他们得到和正常体重人群一样的健康收益,这些益处包括维持正常生理功能,降低高血压、中风、冠心病、Ⅱ型糖尿病、心血管疾病、结肠癌、乳腺癌的发生率。这些益处中有一些是不依赖于体重降低的,也就是说即使超重或者肥胖人群的运动不伴随体重下降,也会明显获得这些益处[52,53]。

科学的发展,技术的进步,极大地方便了我们的日常生活,这些成果在给人类带来便利的同时,也导致人们的体力活动(Physical Activity,简称PA)不断地减少。2004年,英国相关调查研究显示,在英国3/4的成年女性以及2/3的成年男性运动量不足,并且成年人的肥胖率达到了25%[54]。

体力活动缺乏(Physical Inactivity)所导致的危害是不可忽视的。1992年,体力活动缺乏被美国心脏协会(American Heart Association)列为心脏病的第四大可改变危险因子。2002年,体力活动缺乏被WHO列为发达国家人口死亡的十大原因之一,每年由于体力活动缺乏而死亡的人数大概为190万人[55]。

流行病学研究[13,56],体力活动的缺乏会诱发冠状动脉粥样硬化。人们经常参加体力活动能够为健康带来的好处有很多,能够降低Ⅱ型糖尿病、中风和冠心病等慢性疾病的发病率50%,能够降低成年人的早期死亡率20%～30%[48,57]。同时,体力活动能够促进儿童的生长发育,促进儿童身体能量代谢的平衡,而且有利于儿童的心理健康[41,57]。

强度适宜的体力活动也同样有利于老年人的身体健康,它不仅可以使老年人肌肉力量的衰退减缓,有效降低他们慢性病的发病率,还对其骨健康、平衡能力和心理健康等多方面具有不可取代的作用,能够有效提高老年人的生活质量[58]。

20世纪80年代后期美国重新定义了体质检测的新准则,测试内容具体如下:1英里跑/走、体质指数(计算公式为体重公斤数除以身高米数平方,简称BMI)、皮脂含量、引体向上能力、坐位体前屈[59]。这一新标准是由体育、舞蹈、健康以及娱乐四大协会联合确立的。新标准中的几项指标都是与身体健康密切相关的指标,将其转换为生理机能,分别反映了机体的体成分、活动度、肌肉的力量耐力素质以及心肺功能。

这些指标中良好的体成分比例是避免因肥胖造成各种疾病的前提条件;心肺功能主要用来评价心血管系统及肺活量的强弱,从而有效预防心血管疾病,如冠心病等;良好的肌肉力量耐力素质是机体完成日常活动不可缺少的元素;良好的关节活动度能提高运动能力,减少在运动中的损伤。

经历了数次改革,我国学生体质测试指标体系从一开始的《劳卫制》,继而实行《国家体育锻炼标准》,这套方案一直延续到20世纪初,直到《大学生体育合格标准》以及《小学生体育合格标准实施办法》的问世,大学生和小学生的体质测试才开始施行不同的标准,十年后重新修订了新的评价标准,又重新采取统一的评价指标——《学生体质健康标准(试行方案)》。从各时期评价指标的演进来看,中国在评价学生体质方面不断进步,越来越国际化、科学化。本研究所取体质测试指标包括基本指标(体重和身高)以及肺活量,除此之外还需测试短跑50米和长跑(男子1000米、女子800米)以及台阶试验、立定跳远、引体向上(男)、仰卧起坐(女)、握力等(表2-2)。

表2-2 测试标准

测试内容	测试指标	衍生指标
身体形态	身高	BMI值
	体重	
	视力	
身体机能	肺活量	肺活量体重指标
身体素质	握力	
	男子:1000米跑、引体向上	
	女子:800米跑、仰卧起坐	
	50米跑	
	坐位体前屈	
	立定跳远、台阶测试	
其他指标	肥胖、营养状况	

2.1.6.2 体质健康影响心理健康

人作为一个统一体,他的不同表现形式主要表现在两个方面:一是体质;二是心理。在体育科学中,把人体的质量作为体质的一个基本概念解释。

体质是以先天遗传和后天获得作为基础,它是机体各项指标总体评估和相对稳定性的不断发展的具体体现,其中各项指标包括身体素质、机能、形态以及心理素质和适应能力[60]。

人的心理的物质基础是人体,人的身体活动的灵魂则是心理。体质和心理是基于人体的基础之上的,这就要求二者必然是统一的。

当身心障碍或心身障碍中的一方面出现故障时,另一方面必然受到影响[14,61]。例如,控制人体的新陈代谢作用是甲状腺的主要功能,当人体的甲状腺分泌超常的时候,新陈代谢就会加快,人体就会表现出相应的症状:紧张、情绪激动、注意力分散、焦虑不安,更有甚者会出现妄想和幻觉。相反,当它分泌不足时,人体的新陈代谢速度就会减慢,人体就会表现出心智活动缓慢、思想迟缓、反应迟钝、记忆力下降、抑郁倾向等现象。同理,作为心理活动的一种,情绪的反应也会引起生理上的变动。例如在气愤的时候,人的食欲下降,胃酸分泌增多。而此时的胃壁却开始充血,同时黏膜发生延展,一部分黏膜开始变薄,其保护胃壁的作用也随之降低。这些连锁反应导致胃壁黏膜变薄的部分受到胃酸的侵蚀迫害形成胃溃疡。由此可以总结出人体的健康是心理健康和生理健康的统一[62-65]。

除了上述所讲的统一部分之外,体质与心理也存在着不同的部分。整个身体的质量或素质就代表体质,而身体中一部分的脑或神经系统的机能代表心理。并且体质规范于物质范畴之内,心理则属于精神领域[66]。人的身体的一些特征与体质相对应,而人的精神生活则是心理活动的体现,即反映身体内部状态的生理变化。由以上内容可以概括出人的体质和心理二者之间是相互关联的,这两者是相互影响、相互促进的辩证统一的关系[60]。

在古代,我国先人已经意识到了"身心是统一体"这个概念,认为两者之间相互联系、相互影响。我国中医理论中"形神合一"的学说思想也是来自于《天论》中的"形具神生"这个唯物主义观点。"形者神之体,神者形之用;无神则形不可活,无形则神无以生。"是我国中医理论中的一个重要依据。形体的主宰者是神,这种说法早在我国医学典籍《黄帝内经》中已有相应的记载:"心者,君主之官,神明出焉"。这就说明人体的所有活动,包括身体活动、心理活动等,都是在心神的协调统一下进行的。这也就证明了古代的思想家和医学家早在2000多年前已经明确认识到了身心两者之间的关联。由此可以看出,不管健康教育是以何种形式开展的,在其过程中都需要注重身、心这两个部分的健康,且缺一不可,这就要求健康教育既要重视生理健康教育,又要重视心理健康教育[67]。

联合国卫生组织(WHO)在对"健康"定义时,"完整的生理、心理和社会适应能力"被重点指出。在个体的整个发生发展过程中,体质和心理都在进行不断的发展和完善。不断增强的体质和不断完善的心理两者相互联系、相互影响最终达到统一。身体健康只是健康的一个部分,在注重身体健康的同时还要关注心理健康。

社会的发展促使人们的思想意识稳步提高,心理健康问题也成为全社会共同关注的问题。近几十年来,社会及家庭方面关注的焦点逐渐落到大学生的心理健康方面。在如今激烈竞争的社会环境中,大学生的生活、学习、价值观念不断转变,特别是大学生毕业后就业压力逐渐增大,现实与理想的反差,使大学生往往不知所措,对于物质生活的追求与个人能力的对比使得他们心理失衡,各种采用极端手段获得物质享受的报道屡见不鲜,可见大学生的心理问题已经直接影响到个人全方位发展和社会进步。作为健康的重要组成部分,心理健康未能得到与体质健康同等的社会关注。

良好的体质,对于发展和维护良好的心理承受能力具有重要作用。一方面,健康的体质有利于抑制产生负面情绪的生理物质的生成,保持高效新陈代谢,维持旺盛精力,给人以积极的态度面对困难。另一方面,体质的健康是从事一切活动的基础,只有健康的身体才可以让人能够挑战困难,战胜困难,得到精神的最大满足,保持一种积极健康的心理状态,最终实现自我价值。健康并不只是单方面的无疾病或体质良好等生理健康,同时也包含了心理健康,它结合了身体、心理、社会适应三个方面的良好状态,是多方面的、复杂的状态体现。在社会节奏加快的过程中,心理健康的地位越来越明显、突出,逐渐得到了人们的重视。

2.1.6.3 体力活动评价

对日常行为活动评价的一个非常重要的指标便是能量消耗(Energy Expenditure,简称 EE)。日常行为活动强度的评估即是监测人体热量消耗量,人体运动能量消耗的检测在很多领域都具有重要的意义。在运动训练中,要求运动员在适合自己的最佳锻炼强度和锻炼时间内进行训练,如此才能达到最佳的训练效果[54,64,68,69];而在临床医学中,对有些疾病的治疗就需要辅以运动手段(如甲亢、糖尿病等),需要制定针对性强的运动项目、运动方式和强度的实施方案,以此对病人的运动过程进行监控,这就是个性化的疾病辅助治疗方式。所以说,能量消耗的监控是健康饮食、疾病治疗、科学运动的基础,没有这个基础,一切无从谈起。

日常行为活动的完成必然需要消耗机体的能量,由体力活动的概念便可知道,日常行为活动的强度和机体能量耗损成正比关系。机体每日总能量消耗(Total Energy Expenditure,简称 TEE)可以分为三类:第一类是基础代谢率(Basical Metabolic Rate,简称 BMR),主要指人体在极端安静的状态下的能量代谢,它不受任何来自人体刺激、运动或者外来因素的影响;第二类是机体营养供给过程所需能量消耗(Diet-induced Energy Expenditure,简称 DEE);第三类便是日常行为活动相关的能量消耗(Assosiated Energy Expenditure,简称 AEE)[70]。基础代谢率 BMR 是最主要的部分,占整体能量消耗的 60%~70%。年龄、性别、身体成分等因素是影响 BMR 的主要因素。AEE 要远低于 BMR,占到整体能量消耗的 20%~30%,然而 BMR 相对稳定,只有 AEE 因受日常行为活动强度多少的影响,因此影响 TEE 改变的最大因素便是 AEE,调控 TEE 最主要的方法也是调控 AEE[54]。体力活动量的多少由 AEE 在 TEE 中所占的比例直接反映出来。

当前对于体力活动的定义有两大流派,绝大部分研究者认同狭义的说法,即体力活动应指仅由骨骼肌收缩为动力源的机体活动,这一过程需要动用机体大量的能量。还有一部分研究者认同广义的说法,即由肌肉包括心肌、平滑肌、骨骼肌收缩所引起的活动都为体力活动。从现有的研究来看,后者存在诸多不妥之处。由心肌和平滑肌引起的体力活动与基础代谢率有交集。日常行为活动和安静状态下机体机能的准确了解掌握,对于评价机体日常行为活动的发展状况以及了解日常行为活动和机体健康水平间的关系具有至关重要的作用,并且对评价日常行为活动执行方案也是至关重要的。目前,大部分研究者和科研机构在提及日常行为活动时基本用 PA 表示,也就说明他们更倾向于将体力活动定义为仅由骨骼肌收缩为动力源的机体活动,它是在有意识的状态下主动完成的一个过程,体力活动具有主观性和目的性。

在分析日常行为活动时,最主要的是确定日常行为活动的测量方法,这一方法需要尽量满足以下条件:客观、精确以及重复性高。现在,在众多测试方法中脱颖而出的是问卷法(Physical Activity Questionnaires,简称 PAQ)、双标水法(Doubly Labeled Water,简称 DLW)、间接能量测试法(Indirect Calorimetry,简称 IC)、心率法(Heartrate Monitors,简称 HM)、运动传感器法(Motion Sensors,简称 MS)等[7,70]。

在体力活动评估方法中,应用最为广泛的是问卷和活动回忆法,是目前流行病学在分析评估日常行为活动时最常用最实用的方法。问卷法的实施一般通过以下方式完成:访谈测试者、定量化的回顾、行为回忆以及通过日志、日记[71]。问卷可分为长卷和短卷,从相关统计学结果来看,各项体力活动组内相关系数均在0.7以上。从准确度来看,长卷计算出来的体力活动能量消耗更加接近 PA 记录值;短卷一日总能量消耗低于 PA 记录和 Cltrac 监测值。两种问卷记录的目标体力活动量可达到实际 PA 值的 70% 以上[72]。因此,问卷调查由于其成本低廉、便于管理的特点,可用于大样本人群的体力活动状况评估,一般也容易被调查对象接受,是一种既简便又实用的方法。

双标水法(DLW)被认为是测量人体能量消耗准确度最高的测试方法。间接能量测试法(IC)则通常用于对其他测量方法进行校正,但由于操作繁复,对测试环境要求高,这两种方法很难在人群中大规模应用。心率表、加速传感器计(Accelerometers)和计步器(Pedometers)作为常用运动传感器,也被大量使用来对体力活动和能量消耗进行监测,但精确度不如 DLW 和 IC 法[73]。

随着社会的发展,人体健康得到人们广泛的重视,全民健身活动也广泛开展起来,通过测量和记录运动产生的热量消耗,对人们体力活动的运动量和运动方式进行准确的引导和干预,以促进健康,这些逐渐变成新的研究热点。研究人员以及学者一直都在研究和探索一种能够以精确、便捷、实用等特点并存的能量消耗监测工具和方法。问卷调查法虽然实施容易且适用面广,但被调查者在填写问卷时,很难保证他们能够保持较好的客观性和准确度,调查结果的信度和效度不够理想。为解决这一问题,提高能量消耗监测的精度,研究人员们引入了双标水法和简介测热法。

双标水法的理论原理是,根据测试受试者在 5~14 天内 ^{2}H 和 ^{18}O 两种同位素的自身消除率,从而推算出他们的热量消耗。此测量方法具有适用面广、取样方便、精度高等优点,并且可以长时间对受试人群进行监测。但是此测量方法对测试设备要求较高,测试成本昂贵,且无法对短时间和特定活动的能量消耗进行测定,因此局限性较大。

间接测热法又称为气体代谢测热法,其理论原理是通过测量机体呼吸中的 O_2 和 CO_2 比值的改变来推算出其能量消耗,世界上现在广泛使用的仪器主要为 Cosmed K4b2 和 Metamax,这两款设备都具有较高的精度和可靠性,已被大量研究所证实。通过便携式装备,可将分析仪器穿戴在受试者身上,通过无线连接与主机相连,可方便对不同体力活动项目的能量消耗进行监测。但便携设备续航时间受电池影响,一般仅为2h左右,且无线设备与计算机接收终端间隔距离不能太长,受试者佩戴测试设备容易产生不适,因此间接测热法只适合于取样样本少、运动状态时间较短的能量消耗测试的研究。

随着科技的日益发达,计算机技术的不断发展,心率计、加速度计以其便捷、高效、体积小、重量轻、电池使用时间长等优点,使长期监测体力活动的能量消耗变得具有很大的应用潜能,但是其监测的准度还有待增加。研究表明[74,75],运动强度、HR和能量消耗存在一定相关性,在中高强度体力活动(Moderate to Vigorous Physical Activity,简称MVPA)中,HR和能耗线性关系较强,但在低强度体力活动中,HR与能耗的相关性下降,由于HR受外界影响较大(如情绪、环境等),且心率计一般紧贴胸部皮肤,这种束缚状态易让人产生不舒适的感觉,可见心率计在体力活动监测中同样存在一定局限性[76]。

加速度计是通过感应装置来感知机体在运动状态下的空间变化,记录在一个或多个轴上的加速度,来推算出机体的能量消耗,可佩戴于身体不同部位,如腰部、手臂部、脚踝等,对体力活动进行监测。当身体移动时,加速度计中的压电陶瓷将感应到的加速度转换为电信号,通过内置的程序处理后得出加速度计数(AC),然后根据构建的能量消耗模型计算出测试时间内的人体能量消耗。研究证明,中等强度(快走、跑等)日常体力活动中,加速度计测试到的垂直轴记数ACz与其消耗的能量之间呈线性关系,这表明我们可以通过测试到的垂直轴记数预测体力活动的能量消耗,对此相关学者们已经展开了多项研究[77-80]。大量实验同时也表明,对于一些静力性活动,如骑车、上/下楼梯、伏案等,ACz值与能量消耗量之间的线性关系有所降低,因此如何构建适合的能量消耗模型,能够对更多的日常体力活动进行准确测量和能耗的预估,将是今后一段时期学者们的研究重点。

2.2 日常体力活动能量消耗监测理论

2.2.1 "体力活动能量消耗"及其相关概念

1. "能量消耗"的概念

人体的能量消耗(Energy Expenditure,简称 EE)包括基础代谢、体力活动和食物的热效应三个方面[81]。

基础代谢是人体维持基本的生命活动所需要的能量,即人体处于恒温条件下(18~25℃),空腹、静卧、清醒状态时,维持呼吸、循环、体温和细胞功能所需要的能量。这部分占总能量的 50%~60%。为了确定基础代谢的能量消耗(Basic Energy Expenditure,简称 BEE),必须首先测定基础代谢率(Basal Metabolic Rate,简称 BMR)。基础代谢率就是指人体处于基础代谢状态下,每小时每平方米体表面积(或每千克体重)的能量消耗。

体力活动能量消耗占总能量的 15%~30%,与以下三个因素有关。

(1)肌肉越发达者,活动时消耗能量越多。

(2)体重越重者,做相同活动时所消耗的能量也越多。

(3)活动时间越长、强度越大,消耗能量越多。

食物特殊动力作用,又称食物热效应(Thermic Effect of Food,简称 TEF),是人体在摄食过程中,由于要对食物中营养素进行消化、吸收、代谢转化等,需要额外消耗的能量。食物特殊动力作用的最高点通常出现在进食后的 2 小时,不同营养成分的食物其热效应不同。进食糖与脂肪对代谢影响较小,大约只是其产热量的 4%,持续时间亦仅 1 小时左右;进食蛋白质对代谢影响较大,可达到其产热量的 30%,持续时间也较长,有的持续时间可达 11 小时左右。因食物热效应测试复杂,所以在实际科研中,在膳食平衡的前提下,常用 10%的食物热效应表示[74,82]。

2. "体力活动能量消耗"的概念

体力活动能量消耗量(Active Energy Expenditure,简称 AEE)表示机体做某一活动时所消耗的能量,或者是机体在非安静状态下的能量消耗量[83]。体力活动能量消耗量与总能量消耗量(Total Energy Expenditure,简称

TEE)和安静时能量消耗量 REE(Resting Energy Expenditure)存在如下关系：

体力活动能量消耗量(AEE)＝总能量消耗量(TEE)－安静时能量消耗量(REE)

AEE 也可以通过估计食物产热效应是总能量消耗量的 10％，用总能量消耗量乘以 90％再减安静时能量消耗量(kcal/d)来得到：

体力活动能量消耗量(AEE)＝0.9×总能量消耗量(TEE)－安静时能量消耗量(REE)

体力活动测量很困难，因为它是一个包括运动类型、频率、运动时间和强度的多维变量。同时体力活动能量消耗量(AEE)还具有个体差异性，它的大小与人的体重和运动能力有关。它是运动类型和运动时间变化的不稳定的数值。

2.2.2 能量消耗监测的意义

经过大量的病理学研究调查证实，引发心血管疾病、高血压、高血脂、糖尿病和骨关节病等疾病的危险因子就是肥胖，它也是致使运动能力低下和运动损伤的主要原因[81]。美国医学会通过研究提出，对已经肥胖的人群要想控制体重的建议是：竭力纠正致使肥胖的不良生活习惯和危险因素，加以适量的体育锻炼和控制能量摄入是减少肥胖危险的重要条件。所以对于减肥者来说，体育锻炼是很有必要的。目前的研究热点便是试图寻找总能量消耗对肥胖人群或超重患者的隐性联系。而身体活动能量消耗(Physical Activity Energy Expenditure，简称 PAEE)则是影响总能量消耗至关重要的因素。PAEE 的准确测定，尤其是 AEE 的准确测定，以及了解特定人群机体代谢状况，对合理指导营养摄入计划以及制定科学锻炼方法有至关重要的作用[74]。目前使用最多的方法是直接准确地测量 TEE，但其测试方法又存在较多限制因素。当前评价能量消耗的诸多方法中，双标水法以及气体代谢分析法脱颖而出，成为评估界的"金标准"，但这两种方法也并非无懈可击，并不是所有的情况都适用，且实施所需费用高昂。

国内外众多相关研究表明，保持体育运动习惯对维护身体健康有诸多好处，不仅可以提高自己抵抗力，预防慢性病，还可以缓解精神压力，全面促进身心健康发展[54]。不论处于什么样的健康状况，不论是肥胖人群或者一般人群,都应该经常参与体育锻炼,维护和提高健康水平,始终保持一种良好的身体状态。对于运动的监测,应该广泛认知从事各项体育锻炼在单位时间内的能耗,才能进行科学的、合理的运动。对于运动量及能耗的研究,在运动训练、营养学、劳动生理学等领域中都有着至关重要的意义。

2.2.3 能量消耗监测的手段与方法

2.2.3.1 测热法

1. 直接测热法

直接测热法(Direct Calorimetry,简称 DC)是让受试者在一个相对完全隔热的环境中,运用高精度的仪器检测他们蒸发、辐射、对流和传导产生的热量。在 1890 年,美国 Wesleyan 大学的两位科学家首次运用直接测热法的理论原理制造出人体量热计[84]。它的原理是测量在单位时间内受试机体介质的温度变化,再依照该介质的比热容,计算出机体在这段时间内所散发出来的热量。直接测热法具有极大的理论意义,但是它的运用广度十分有限。通常用于摄入营养量和消耗能量的收集,包含在特殊情况下特别是处于饥饿或营养不良状态下能量消耗的测量。我们可以用直接测热法推测 AEE:

$$AEE = TEE - REE(单位:kcal/d)$$

直接测热法的最大优点在于它具有较高的测量准度,最大缺点是对于测试环境和硬件条件有很高的要求,普通环境下是无法进行直接测热法实验的,而且单次测试需要使用大量耗材,研究成本相对较高。

2. 间接测热法

间接测热法(Indirect Calorimetry,简称 IC)是科学家们公认的最为精确的测热方法,但是此方法对测试环境要求较高,只能在实验室内完成,对于研究室外环境下的体力活动是不切实际的,因此对于测量体力活动的能量消耗则一般采用另一种办法,就是间接测热法[59]。间接测热法被科学家证实也是一种精度较高的测试方法,通常用于检测如心率测试法、计步器法、加速度计法和主观方法等其他测热方法的准确度和有效性的测试方法。

间接测热法的原理是通过计算呼入和呼出气体成分的改变,来计算能量的消耗。受试者需要佩戴气体收集设备,通过分析仪器对气体成分进行分析,然后通过软件计算得出能量消耗[85]。早在 16 世纪末,Lavoisier 等研显示人体发热与呼吸交换之间的联系,首次运用间接测热法。间接热量测试法俗称气体代谢分析法,此方法可以测量在特定活动的热能消耗量,也可测定 REE 和 BEE。

传统的气体分析装置都比较大,测试只能在实验室内进行。便携式间接测热分析仪的出现和广泛运用使间接测热分析法走向户外,应用于专业竞技体育训练。目前较常见的是 Cosmed K4b2(Cosmed,Rome,Italy)和 MetaMax 3B(German),它们都属于超便携式热量测量设备,利用遥感技术,可以准确地监测机体在安静和运动状态下每次呼吸的气体交换情况,通过计算机体消耗的氧气含量和释放的二氧化碳量,求出呼吸商(Respiratory Quotient,简称 RQ),根据相应的氧热价,计算出单位时间的能量消耗[86]。

便携设备的优点在于轻便,它测算出的能量消耗值的效度和可靠性,已经得到相关研究人员的验证[87]。但便携设备也存在一些弊端,例如连续作业时间短,最多只能维持 5 小时,且费用高昂,因此仅能用于小样本的分析。此外,即便新型的便携设备的占用空间比传统式有很大优势,但是长时间佩戴便携式气体分析仪很难完成受试者连续性长时间作业的测量工作,因此无法满足测试者的长时间使用。综上所述,间接测热法适用范围很广,但也有一定局限性,它常以标准检验的身份出现于非同一活动中能量消耗的测量,HR 监测器、运动传感器的校验,亦或是验证小样本短时间活动中机体呼吸代谢研究的准确性等,但对于持续性长时间运动的研究方面并无太大适应性。

2.2.3.2 行为观察法

行为观察法也被广泛应用于人群行为调查,通过计算分析能量消耗,便于实施,是较早广泛使用的方法[88]。最初行为观察法的出现是为了评价员工创造价值的速度以及疲劳度,也被用于其他方法无法完成的测量工作,例如针对婴幼儿童,同时用作评价别的测量方法[89]。测试者需根据被测试者的活动信息,如种类、时间、频率等,按不同行为的热量代谢消耗表格,从而估算出被测试者在这个过程中所消耗的热量。

行为观察法有其自身优势,详细登记被测试者行为当时的背景信息便是最大优势之一,这一优势可以有效用于研究分析长时间坐立测试者的认知行为[88]。另外,在针对儿童这一人群时,行为观察法也具有别的方法所无法替代的优势。但是,当受试者得知自己在被观测,有较大的可能会做出与自身意识相悖的行为和动作。只有在去执行工作的测试者具备比较专业的记录经验时,所记录的数据才具有较高的参考价值,相对分析结果也更加精确。Bailey等(2000)运用间接测热法验证对包括步行、坐、站、骑自行车、跑步在内的30余种活动观察方法,两种测试方法得到的结果,其相关系数可达0.90以上[90]。观察法需要测试者与受试者进行一对一的测试,测试的精度随着测试时间的加长而下降,此测试法只适合测试样本小且测试时间短的研究。

2.2.3.3 双标水法

最早提出使用双标水法(Doubly Labelled Water,简称DLW)的是Lifson教授,此法也于1955年开始流行。这种技术具有非损害及非侵入性,可用于监测和研究野生动物的能量代谢。直到1982年,Schoeller和Van Santen将其应用于人体研究[91,92]。双标水法的原理十分简单:受试者摄入定量已知浓度的双标水($^2H_2^{18}O$),待进入人体的$^2H_2^{18}O$均匀分布,通过体内的代谢,两种同位素在体内达到平衡后,转化为^2H以^2H_2O,可从人体中消除。可以通过同位素质谱仪,分别测出机体内某些液体如血液和尿液中^2H和^{18}O代谢率的差异性,也可以测量血液和唾液中这两种同位素,从而中和消除速率常数,进而计算CO_2合成率。结合受试者的饮食特征,估算出他的呼吸商(RQ)进而得到氧消耗率,最终得出热量耗散[93]。通常采用Weir(1949)公式[94]如下:

$$TEE = 3.95 \times rO_2 + 1.11 \times rCO_2 - 2.17 \times UN$$

或

$$TEE = 3.90 \times 1.00 \times rO_2 + 1.10 \times rCO_2$$

此公式是用来计算人体每天消耗的总热量的。其中,UN代表每日的尿氮量(g/d),rO_2为O_2的利用量(L/min),rCO_2为CO_2的生成总和(L/min),TEE的单位为kcal/d。

双标水法(DLW)对于能量消耗测试,具有独到的优势,测试精度高,适用性广。双标水法测试的精度和准确度分别达到惊人的93%~98%和97%~99%,该方法被相关研究人员称为监测能耗的"金标准"[95]。在使用对象方面,双标水法通常被用于测量无法配合或无法限制其活动的受试机体(如婴儿、儿童及运动员等)的能量代谢[96]。双标水测试法对受试机体不产生任何不良反应和影响且取样方便,测试的结果与真实结果十分接近。

精度高,适用性广,使得双标水法成为人体能量消耗测试的"金标准",但是这一方法的某些固有特性影响其广泛推广。使用过程经费很高,如双标水本身价格不菲,所有的分析设备也需要极高的成本,这是制约其在多数人中采用的主要原因。双标水法能够测出在测试时间段内的总热量耗散,却无法得知 AEE、BMR 以及 DEE 的比例,因此若能将 DLW 与间接测热法同时结合使用,效果会更佳[97]。双标水测试工作最快需四天,甚至更久,且测试结果也仅仅得到 TEE,而无法得出能量耗散的具体时间信息。有研究表明,虽然双标水法均可在室内或是室外测试中采用,但是,当在室外测试中使用双标水法时,其精度和准确度通常会下降5%左右[98]。

2.2.3.4 心率测试法

相对于其他热量测试方法,心率测试法(Heart Rate,简称 HR)是一个相对简单的测试方法。心率测量法的理论原理是根据心率和耗氧量的线性关系推测耗氧量,进而计算出活动能耗。如今的心率测试装置体积较小,大多是由一个心率感应装置(胸带)和一个信号接收器组成,受试者佩戴感应装置不会感到不适,也不会影响到他们的正常活动。这些设备可得到一段时间内的心率数据,短则 10 秒或几分钟,最长也可连续几小时,更甚者几天时间,并可将记录数据传至电脑,从而更加便捷地研究机体参加日常活动的各项指标,如时间、强度、频率以及总的能量耗散[99]。

1. 拐点心率法

通过心率来衡量评价日常活动所需能量参与,是因为日常行为的完成必须有心血管系统的参与,而行为活动的不同也会带来相应的心率变化的差异,若采集活动中的心率,且知道心率与氧利用率之间的关系,便可以得出氧消耗量,从而得到此次活动的能量消耗量[100]。但是心率与氧消耗量的内在联系也是非常复杂的,一般情况下,机体在活动强度处于中等时(尤其是 HR 在 110～150bpm 之间时[99]),HR 和氧耗量基本呈线性关系。然而,在低强度以及高强度(基本为最大摄氧量)的运动中,HR 和氧消耗之间的关系就变得复杂起来,并非线性关系[101]。所以如果对测试准度要求不高时,心率法是较为适合的测量手段。心率法测量能量消耗花销便宜,使用方便,且无创伤性,可随时随地使用。因为不同机体存在着不同的体制与遗传基因,HR 与能量消耗也具有个性化差异,即每个个体的 HR 与能量消耗之间的关系都存在着一定的差异。另外,影响 HR 的因素还非常多,如体成分、个人习惯、饮食结构、睡眠、精神状态等。总之,利用心率来评价有利有弊,HR 采集法也有很多优点:采集实施过程简单易行,对经费要求不高,最大的优势在于 HR 能够实时地反应机体的运动强度等信息,因此,怎样通过 HR 来更好地测量能量消耗一直备受诸多研究者的关注[101]。

目前通过心率监控评价的方法越来越受青睐,因为此方法可以记录长达数周内的测试者的所有心率数据。但心率与氧耗量在室外与室内适度相关,且心率仅能体现氧耗量改变的 50%[102]。也就是说心率对于低强度机体活动的能量消耗并非较好的预报器。这表明机体在低强度活动时的心率和氧耗量的关系并非呈线性关系。所以在计算运动的能量消耗时,必须把较低的心率剔除。而监控的优点是允许对数据进行久坐水平心率之上的预选,排除对心率数据的限制。拐点心率法(Flex,由 Spurr 等人在 1980 年左右提出)是目前使用的重要方法之一。Flex-HR 法必须首先建立不同个体的 HR 和 EE(能量消耗)之间的对应关系。测试流程需要首先测得被测试者在不同体位(卧位、坐位、站位、标准)情况下极限强度运动时的心率和能量消耗,还需要知晓该测试者的安静代谢率(RMR),由这些数据便可以通过其中的关系建立每个机体特有的心率与能量消耗之间的关系[100]。Flex-HR 定义了安静状态和活动状态之间的交界,即拐点 Flex-HR,也被定义为心率安静状态的最高点和活动状态的最低点。在心率高于 Flex-HR 时,能量消耗可以通过 HR 与其之间的线性关系进行推算,而当 HR 低于拐点心率时,则通过测量安静状态下个体三种体位和 RMR 计算[57,103]。

拐点 Flex-HR 的准确性很高,利用此方法所测得结果和双标水以及测量热量等这些标准方法的测试结果非常接近,仅相差 3.4%~5.8%,但拐点 Flex-HR 测试结果受到个体一些不可控因素影响会使测量结果有差异,例如测试者的情绪、体温以及活动形式等[104]。虽然拐点心率测试过程相对繁琐,但在建立 HR-EE 线性曲线后,其测试逐渐变得容易,且测试成本也随之变低。为了增加拐点心率法对个体水平的测试精度,如今在进行拐点心率法测试时,有关学者结合运动感应设备同时进行测试,以增加测试准确度[105]。

近年来拐点心率法 Flex 发展很快,应用也越来越多,但是它还是存在一些无法克服的弊端,例如,该方法对 HR-EE 曲线的建立过程相对复杂,测试内容繁琐,并需要对每位受试个体进行细致的测试,且测试费用较高。再者,遇到特殊状态,Flex-HR 测试的偏差变大。另外,Flex-HR 建立的基础是将安静状态下的心率和运动状态下的心率做生理上的区分,个体差异导致大多数心率值处于 Flex-HR 附近的个体能量消耗估算变得很困难。

2. 储备心率法和净心率法

Janz 等(1994)运用储备心率(Heart Rate Reserve,简称 HRR)来估测儿童有氧阈以上的运动量,当储备心率预测值高于 60% 时,结果发现时间总和与摄氧量峰值呈低度的副相关($r=-0.02,-0.10$)[106]。然而当高于一定百分比时,最高心率或储备心率的活动时间总量可以用于不同个体间的活动量比较,但是这种方法是不精确的。Swain 等(1997)发现 HRR 与摄氧量储备(VO_2)之间呈 1:1 的相关关系,他的成果对 HRR 方法的精度有了很大的提升[107]。同时记录了 60 位成年人的日常活动中的 HR 与氧气摄入量,得出在运动强度相近的情况下,HRR 与摄氧量高度相关($r=0.88$)。Swain 等多位研究人士认为对于一般室外运动的能量消耗测量可以通过 HRR 来衡量估算,且准确度高。

另一种测算方法便是净心率值法(活动心率-基础心率)。其优点在于可以对不同机体进行个体差异性比较,Janz 等(1992)研究发现净心率值与问卷调查法得到的结果呈中度相关($r=0.50$)[108]。虽然如此,它却无法推算出能量消耗。

除此之外,HR 测试还存在如下问题:①很多因素都可以影响心率的变化,例如当机体所处环境温度高、湿度高或者当机体神经兴奋时等,这些因素都可以引起 HR 的加快,但对摄氧量的影响并不明显[109]。②参与机体活动的肌肉的体积不同对心率和摄氧量的影响并不同步,例如,同一机体的上肢运动和下肢运动,当摄氧量相同时,上肢运动时的心率快于下肢运动时的心率,原因便是下肢肌肉体积相对而言大于上肢肌肉[105]。③即使同一肌肉,收缩类型不同对心率和摄氧量的影响也会不同,例如,当摄氧量一定时,肌肉做等长收缩时机体的心率比做等动收缩时的心率要快。④机体状况,如疲劳程度以及身体脱水状态对心率和摄氧量的影响也各不相同。⑤心率-摄氧量的关系受到不同个体机体状况的影响,如训练水平、年龄等。若摄氧量一定,训练水平较低的受试者较水平高者的心率要快。⑥当摄氧量为安静状态时,若心率比安静状态快,往往估算的能量消耗值会高于实际值[110]。

针对以上这些不足,Haskell 等(1993)认为,为增加测试准确性,可以同时将运动传感器与测得的 HR 相结合[111]。Haskell 等专家分别将心率计和运动传感器放置在同一个体的上下肢,对其参加步行、跑步、骑车等不同运动方式进行测试,通过统计软件构建多元回归方程,研究摄氧量和心率与运动传感器之间的关系,结果显示,模型预测结果与实际测试结果具有高相关性,相关系数可达到 0.81。Haskell 等认为可以在实验室内建立与上下肢运动传感器数据相关的多元回归方程,这样当机体在参加室外的活动时,便能够通过 HR 以及四肢运动传感器测得的信息来估算出机体摄氧量[112]。

2.2.3.5 运动传感器法(Motion Sensors,简称 MS)

现阶段运动传感器主要是电子设备,集成电路技术的发展使得运动传感器体积越来越小,便携能力大大提高。一般来说,运动传感器主要分为两类:一类是计步器(Pedometers);另一类是加速度计(Accelerometers)。通过佩戴在身体不同部分记录肢体运动情况。

1. 计步器法(Pedometers)

计步器是计算行动步伐的机械装置,是由一种高精密弹簧和一组平稳臂构成,当受试者将其固定在肢体时,步行的每一步,脚与地面接触后产生一个冲量,或是跨步引起的身体摆动触动平衡臂运动,平衡臂则又引起计数装置工作,从而完成计算步行量[113]。计步器主要记录测试时间内行走的步数,数据构成相对单一,此方法缺点就是不能辨识运动类型,尤其是上肢运动情况[114]。

HoVanda 等(2013)以青少年为研究对象,讨论了计步器作为中高强度运动记录仪器对于青少年的适用性[115]。结果发现,计步器可以较好地监测女性少年的体力活动,但是对于男性少年则效果不好。Trapp 等(2013)以 42 步、66 步、90 步为标准,测试了计步器在不同走路频率对于步数计算的准确度[116]。结果表明,步代频率越低,准确度越差。另外,Sheng 等(2012)还指出,由于不同品牌的计步器对各部件的精度要求不一样,因此所得结果各不相同,其间可比性也无太大意义[117]。对于运动习惯以走路和跑步为主的人群,通过计算步数来预测能量消耗情况,使用计步器来进行运动监控还是有一定准确度的。

尽管Oliver(2007)指出,通过计步器测量受试者行走步数与最大摄氧量之间有较大相关性,但是专家们并不建议用计步器测量来评价机体复杂的日常行为活动[118]。制约大范围使用的原因在于计步器本身存在一些不可避免的明显缺陷。首先,计步器记录一个方向的动作,是一种一维加速度测量计,不能记录运动相关的环境情况以及运动类型和间歇。其次,计步器不能记录躯干不动的运动,例如骑车等运动,也不能记录上肢运动[119]。第三,计步器只能测算出运动次数,但是不能测出运动强度,而运动能耗测量与运动强度密切相关,因此,使用计步器来测算运动量的大小是不科学的。

然而,对于以步行为主要运动方式的群体,计步器可以为他们提供较为方便、花费更少、简单易懂的自我监控方法,以协助他们达到指定的运动目的。它使用方法简单,易掌握,适合测量大样本量人群。

2. 加速度传感器法(Accelerometers)

加速度测量法是测量身体在空间里的变化而对人体能量消耗进行计算的方法。加速度传感器主要分为单轴、双轴或者三轴。三轴加速度传感器主要用于采集受试对象在空间运动的三个维度(水平维度、横向维度和垂直维度)的变化趋势(运动强度),然后对受试者运动强度、运动时间、运动量等信息进行评估,根据记录仪内嵌的模型或者装载在计算机的交互界面,辨识受试者不同的肢体运动项目,同时由能量消耗公式,计算出一定时间内受试者消耗的能量情况,可作为参考意见对体力活动进行实时监控[120]。

活动监测主要用来区别不同个体之间,或者同一个体不同运动强度。由以上原理可知,加速度传感器通过测定空间变化量,能够直接得出被测体体力活动消耗的能量。但是,构成人体总能量消耗的因素很多,体力活动所产生的能耗也只是其中一个部分,维持人体正常生理活动也需要大量的耗能,因此,要区别开这样几个概念,通过运动传感器对人体总能量消耗量进行预测是不全面、存在局限性的。

科技的发展,电子集成化程度的加强,信息交互处理能力的提高,使得通过使用便携电子设备手段来对运动进行监控逐渐成为主流,这也催生了加速度传感器的快速发展和普及。如今,监控体力活动能耗的加速度传感器品种繁多:从佩戴方式来分,有适用于躯干佩戴的、四肢佩戴的、内置于装备的;从设备硬件组成来分,又有单轴、双轴或多轴加速度传感器。单轴加速度传感器一般只记录垂直维度方向的加速度值,双轴可记录垂直面和水平面的加速度值,三轴较双轴来看,对于空间加速度的记录更加精确,能够完全记录机体运动轨迹的变化情况,通过监测三个维度的值,分别测量不同平面内运动的加速度,对于结果的计算和能耗的预估具有重要意义。

Godfrey(2011)的研究发现三轴加速度计预测体力活动能量消耗具有高灵敏性,并且对于青少年测试人员,在家庭生活中能量消耗测定准确率达到80%以上[80]。但Muscillo(2010)发现体力活动中三轴加速度计与心率的相关度与单轴加速度计相近,并不能认为三轴加速度计的测量精度优于单轴加速度计[121]。加速度计体积小,携带方便,受试者佩戴不会影响正常工作生活,同时,数据采集方面可以持续监测几天、几周甚至数月的活动数据[120]。

而目前使用率较高的加速度测量器都具有一个通病:即若未把传感器放置在上肢时无法探测上肢行为活动。例如,在静力工作即负重训练时,或在有弹性的亦或是分级地形上运动时,对于额外消耗的能量将无法完全计算在内。不同的活动类型所表现出来的肢体变化也是不同的,加速度传感器只能记录运动部位的能量消耗,这就造成未佩戴设备部位由于发生活动而产生热量,这部分能耗作为热量耗损没有被设备捕捉到。在实验室条件下对能耗预测所产生热量耗损,不能完全使用于自由状况下所做的运动[83,122]。导致加速度传感器预测能量消耗受到一定限制。

SenseWear是BodyMedia公司[http://www.bodymedia.com/]的可穿戴式身体活动感测记录仪,该产品主要用于协助使用者进行长期的肢体活动能量消耗管理。以功能性为区分标准,SenseWear系列可分为SenseWear WMS(Weight Management Solution)以及SenseWear BMS(Body Monitoring System)两种。这两款产品拥有同样的监测技术与硬件构架,只是后者较前者提供更多的监测信息,除适用于一般用户以外,也适用于专业研究,许多相关科研机构使用SenseWear对专业运动员或者训练过程实施监控。SenseWear产品的感测装置称为SenseWear ArmBand(简称SWA),使用时可佩戴于身体不同部位,如上臂、背部、腰部、腿部(图2-1)。

SWA是一款技术成熟的三轴加速度计,重量为41g,体积为4.7cm×3.5cm×1.8cm,一次性充满电可连续使用20天,采样频率为32Hz,处理数据时仪器内部过滤器的采样频率范围为0.01~32Hz。当需要进行资料分析时,只需通过USB接口与计算机连接,就可通过自带的分析软件进行数据分

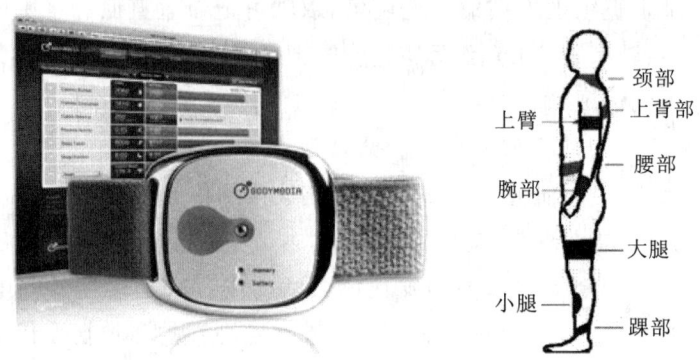

图 2-1 SenseWear ArmBand 及佩戴部位介绍

析。在参数设定方面,可将被测者的姓名、性别、年龄、体重、优势手、吸烟情况输入计算机,输出分析佩戴时间、能量消耗、运动强度、步数、睡眠时间、静态活动分布等结果,同时可通过打点计时的方式,将不同类型体力活动进行分别记录,以便精确计算相关结果。根据该公司内部研究表示,SWA 加速度仪佩戴于上臂能够测得多项数据,且对于使用者造成的不适感和干扰性(obtrusion)相当低,可以避免因为使用产品而造成日常生活或者体力活动的障碍。该装置可以测试体温(热敏电阻)、环境温度、肌电,以及身体活动产生的加速度(三轴加速度),并将监测数据储存于内置芯片内(图 2-2)。SWA 就属于上述的数据记录感测装置。

早期的加速度传感器由于以上原因无法准确测定能耗,如今研发人员通过 SWA 的设计来弥补这些不足,主要通过以下两条途径:①身体多个部位均可同时或者分别佩戴加速度传感器,以此全面捕捉人体空间运动信息;②设备集成多个其他传感器,如心率传感器、热量传感器、温度传感器等。

SWA 可用来记录日常身体活动状态下三轴的加速度、皮肤电阻、皮肤温度等信息,SWA 在计算能量消耗时,选取 AC 为主要参数,热流量等为辅助参数,然而使用手册上没有标明在预测能量消耗中每一个参数所占的权重。Scheers(2013)使用 SWA 来研究运动强度对于肥胖的影响,通过对 442 名女性进行跟踪测试,发现 SWA 能够比较准确地区分不同强度运动项目,其运动强度-肥胖度有较好的对应关系,对运动减肥有很好的指导意义[123]。SWA 作为多功效加速度传感器,其适用前景相当广泛。SWA 大量应用于运

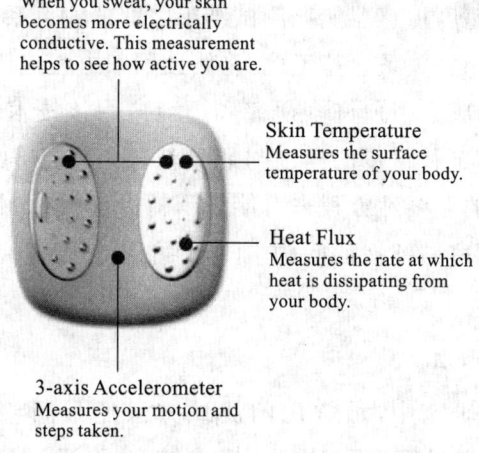

图 2-2 SenseWear ArmBand 内置感应器介绍

动员训练监控,目前国内较少使用 SWA 对一般人群体力活动能量消耗进行研究的先例,因此,使用 SWA 对我国大学生人群体力活动进行监控和对能量消耗进行计算,从方法学和实践经验上对今后相关研究的开展提供了参考。

为克服上一代传感器测量姿态变化和慢速运动精度差的缺点,一种新的复合加速度计 IDEEA 面市。IDEEA 有一个微处理器和五个加速度传感器,分别位于胸部、两手和两脚,胸部和两脚为双轴传感器,两手为单轴传感器[124]。微处理器位于腰带中,通过细小柔软的导线与五个传感器相连。IDEEA 可以采集 7 天的连续采样数据,采样频率为 32Hz,测试完成后,数据将传送进入计算机进行分析。IDEEA 的设计目的在于精确地测量复杂体力活动。Zhang 等(2003)报道称 IDEEA 可以准确地区分不同的姿态、腿部运动和步态,还可以精确测量步行和跑步速度($r=0.986$)[125]。Zhang(2011)在报道中也表明,使用复合加速度传感器所得出的能耗结果,与在能量测试室中所测结果有很高的相似度[126]。

使用加速度传感器对能耗进行预测,其准确性与实际能耗值是否呈线性关系,很多研究给出了不同的结论。以 IC(间接热量测试法)作为标准,大量实验将加速度传感器测试的能耗结果与标准进行比对,两者相关性系数从 0.53 到 0.90 都有[83,127,128],不同运动项目测得的能耗准确性也有不同。有相关报道表明,加速度传感器监测跑步和走路,其能耗预测具有高拟合度,尤其是不同速度和加速度传感器能耗测试结果之间的相关系数达到0.95,表明二者存在着显著的相关关系。基于此,将线性回归方程应用于加速度传感器来对能耗进行预测,成为当前许多研究和厂商应用该技术的重点。同时,部分其他研究发现,行走和跑步的速度与能量消耗之间是非线性的,相关研究人员通过构建分段的非线性方程来对能量消耗进行预测,由于非线性方程存在稳定性差、切点不容易把握的问题,非线性能耗模型研究也一直存在诸多困难[129]。

2.2.3.6 问卷法

在大样本人群研究中,最常用的测试方法还是问卷调查法。问卷法(Questionnaires)简单易行,便于操作,形式繁多,可通过日记、日志、定量化回顾、活动回忆、访谈等,对受试者进行面对面或非接触交流,难度较低,负担不大,花费也不高,比较容易进行,因此,可对大量人群进行调查,活动日记是其中具有较高统计意义的问卷方式。

大量文献研究了问卷法在体力活动研究中的使用情况,从调查时间来看,跨度很大,有针对一天或几天体力活动进行调查的,也有跟踪几年调查研究的;从研究对象来看,有专门针对青少年人群的,也有针对中老年人的,更有把特殊人群作为研究对象进行分析的,如肥胖人群、残障人群、糖尿病人群等不同群体[130]。问卷设计形式也有多样化之分,大众型问卷可适用于多个人群,只是对基本情况进行调查和研究,当有特殊需求或需要对某一特定方面进行专门研究时,就需要设计一些特别问卷[131]。问卷调查内容也很宽泛,如果是对日常事物活动进行调查,如运动情况、生活情况、劳动情况、交通情况、闲暇情况等,问卷内容就可以延伸到很多细节方面,如果要对特别活动进行调查,那么内容设计就应该具备针对性和时效性[132]。

体力活动问卷调查,可以通过专门的体力活动能量消耗量表,来对每一份调查内容进行计算,预测相关能量消耗值,或者对所调查内容的强度(低强度、中级强度或者高强度运动)进行评估。问卷调查法也存在不足,受试者对于体力活动的记忆存在误差,尤其是在时间节点和运动方式的界定方面,因此,作为主观测试方法,问卷在设计时应充分考虑到不确定性因素,在设计之初要对内容的信度和效度进行充分论证。

美国疾病预防控制中心（CDC）和美国运动医学会（ACSM）在1995年联合发布了每日推荐的体力活动量，具体内容是：有益于体质健康的身体活动为：间断性活动，每次需要进行8～10分钟；持续性活动，累计进行达到或超过30分钟[133]。安装此标准设计的Bouchard体力活动日记，将一天24小时换算成1440分钟，同时以15分钟为时间间隔，把一天分成96个时间段，受试者在进行日记填写时，只需记录每个时间段的活动内容即可，后期通过对每个时间段的内容进行统计，即可得出人体当天的身体活动情况和能量消耗。Stel等针对老年人群，将LASA Physical Activity Questionnaire（LAPAQ）内容融入7天"身体活动日记PAD(Physical Activity Diary)"与运动传感器对体力活动进行监测，结果发现问卷与实际测试体力活动结果拟合度达到0.68[134]，研究显示这种方法能够提供相似度高的评估。

1. 可靠性

问卷调查的可靠性受到众多因素的影响，尤其是受试者的主观原因，如认识客观世界的能力、是否有好的记忆力、日常行为运动强度的时间变化以及对强度等副词的定义等。因此为了提高问卷调查法的可靠性，在执行调查之前，需要对内容进行重复性检验。由于人体体力活动不可能存在完全重复性，受试者很难在不同的两个时间里进行完全相同的日常行为活动，因此若要准确进行验证试验就需要将测试安排在同一天内亦或是同一时间段内。由于不同的个体对运动强度的自主定义因人而异，因此对于日常行为运动的三要素（运动水平、运动频率、持续时间），运动水平等级调查的可靠性最差[135]。对于高水平等级运动而言，由于高强度运动在日常行为活动中出现的比率相对较低，受试者对这一水平等级的认知程度相对较高；对于运动水平比较低的体力活动来说，其与日常生活、运动和工作关联性较大，很难将不同形式体力活动彼此区分开来。因此针对高强度运动调查的问卷，受试者便于区分和回忆，可靠性相对较高；伴随调查时间的延长，回忆逐渐混杂淡化，问卷可靠程度降低，导致分析结果可靠性也进一步降低。

除了被调查对象个体的原因外，问卷设计的复杂程度对可靠性也有很大影响。一般来说，简单问卷调查的可靠性$r=0.8\sim0.9$，而复杂问卷的可靠性要低得多（$r=0.14\sim0.18$）[136]。根据调查目的不同，问卷的内容也有很大差别。如果调查目的仅仅是某一方面的活动，而且只需要了解活动的分级

(轻微、中等、激烈)即可,这样的问卷就可以设计得很简单。但是,如果调查者的目的是了解被调查者的能量消耗情况,那么这样的问卷就要复杂得多。一份复杂的问卷可能需要一个小时来填写,被调查者会产生厌倦和疲劳感,并且会被复杂的问题所困扰,调查的可靠性就会下降[136]。

2. 有效性

问卷调查另一个重要的方法就是有效性验证。验证问卷有效性的方法也很多,归纳起来主要有如下几种:双标水法(DLW)、运动传感器法(MS)、心率监测法(HR)、运动日记、24小时运动回忆、食物摄入量等[136]。双标水法被公认为"金标准",对于机体能量消耗的测定具有极高的准确性,是最理想的验证方法。但由于不同人体之间差异很大,能量消耗彼此有别,尤其是疾病会给人体代谢产生影响,加上昂贵的测试费用,使得双标水法也存在一些不足,在实际推广中具有一定局限性。

运动传感器法也是检验调查问卷有效性的常用方法。来自荷兰的相关研究表明,通过使用计步器来对问卷调查结果进行效验,结果显示二者之间的相关系数为0.77[136]。调查对象的数量和活动的项目也会对结果产生影响,大群体受试者进行七天活动问卷调查时,计步器测试结果与问卷结果相关系数接近0.7,但调查人群数量和体力活动项目减少时,相关性系数也会逐渐降低[135]。运动传感器以其便携、方便、快捷、适用性强、便宜等特点,广泛应用于问卷验证工作中,同时它不会对受试者产生束缚等不适感觉,对于部分体力活动起到准确的监测作用。但是由于佩戴位置的限制,无法对全身进行有效监测,对于一些运动,如上下楼梯、阻力训练、自行车运动等,佩戴位置不同,测试结果存在差异。因此要根据实际情况,选择合适的体力运动项目,佩戴到正确的位置。

效度验证测试结果与问卷调查结果具有相关性,二者称为相对效度验证。在流行病学理论中,运动量的绝对值与体力活动和健康指标存在一个剂量关系,因此对于运动量的绝对值检验称作绝对效度验证。在针对人群体质健康和体力活动推荐量关系的研究方面,Ding(2010)等认为运动量的绝对值在实际操作和研究方面具有更加重要的意义[137]。问卷调查中常采用心率监测法和运动传感器法对运动量绝对值进行校验。

有部分研究表明,问卷调查对于体力活动量的预测有高于实际值的可能。Sallis(2000)等调查发现,小学五年级学生在填写调查问卷时,对于中度到高强度运动的估计时间为29分钟,在自我报告问卷中此项估计时间为48分钟,自我报告问卷结果明显高于调查者问卷,青少年在对一周内超过20分钟高强度运动时间的估计中,高出实际值3.8天[138]。Panza等用调查问卷对115名成年男女体力活动情况进行调查,同时以IC法进行验证,结果发现受试者对于中高强度的运动(>5 METs)高估了将近90%,且受试者体脂百分比越高,对于高强度运动高估的量也随之增加,二者呈现正比关系[139]。受试者在进行问卷调查时会高估体力活动量,因此在对体力活动绝对量进行监测时,不建议使用问卷调查法。

问卷调查法便于实施、投入少、效率高、好管理,在流行病学研究中具有独特优势,可用于大范围人群体力活动的调查和研究[138]。问卷调查法使用范围很广,在研究体力活动的种类、效率和普及度等方面具有很大优势,对记录一些印象深刻的项目、系统性高的活动,问卷调查的结果准确度很高。

问卷调查法的好处是方便易行,但其仍然存在一些限制。第一,调查问卷的内容是人主观设计出来的,受试者凭借主观意向来完成问卷填写,调查方向通常都是特定的项目或者种类,这种调查形式对于运动强度的区分很模糊,导致最终结果对于体力活动的评估偏离实际值,产生较大的误差。为方便评估结果,相关研究人员根据成年人体力活动特点绘制了体力活动能量消耗量表。在对问卷结果进行分析时,可参照体力活动能量消耗表将结果转化为每日的能量消耗值。鉴于该表的数据均是以成年人为标准进行制定的,因此在对特殊人群,尤其是老人、小孩或者残障人士、疾病类人群进行体力活动评估和能量消耗预测时,就会产生偏差。即便是成年人本身,由于体质结构和运动习惯的不同,也会产生误差。第二,年龄也是干扰问卷准确性的因素之一。伴随年纪增长,人体的认知、记忆和判断能力逐渐增强,因此对于儿童和青少年人群来说,问卷的信度普遍处于较低水平,且随年龄的减小而逐渐降低,高年级组人群问卷的重测信度系数普遍好于低年级组人群[131]。因此建议对于儿童人群,尤其是不足10岁的儿童,不适合使用问卷形式对体力活动情况进行调查研究。第三,调查问卷法对于能量消耗的预测,主要是记录从事体力运动的时间,然后通过公式将其换算成热量,未能被记录在内的体力活动,其产生的能耗被忽略,由此得出的结论会低于实际能耗,导致误差产生。日记可以弥补漏记的产生,能够比较翔实地将每天的活动内容记录下来,对于提高每日能量消耗计算的准确性有一定辅助效果。但是日记一般用于短时间体力活动的监测,无法长期用于运动情况的记录(大于3天的测试,其准确性迅速下降)。同样受限于记忆和认知的影响,此方法对于儿童也不适用。

近年来,计算机相关技术的发展促进了电子调查的出现和发展。此项技术在一定程度上弥补了问卷调查自身的不足:①研究人员可以同时管理大量的问卷调查;②问卷结果直接进入计算机,杜绝了书面问卷有可能存在的数据录入错误;③调查对象不会遗漏回答问题;④根据问卷结果,计算机程序可以跳过一些不需要回答的问题,减少调查时间;⑤与书面问卷相比,调查对象可能会更加诚实地报告不愿报告的行为。

在选择测量方法时,要考虑到这些因素:调查目的、样本量、项目预算、文化和社会环境因素、目标人群的活动度、统计因素(精度和准确度)。从现有情况来看,没有一种单一的测试方法可以达到测试的所有要求,一般情况下都需要多种方法综合进行。

2.2.4 加速度传感器应用综述

2.2.4.1 加速度传感器工作原理

就在过去两年中,运动传感技术已经开始遍地开花——视频控制台、智能手机、电视遥控器和个人训练设备,使这些应用成为可能的是大量更小、更便宜和更快的新型传感器。在经过最佳集成后,它们能通过空间和时间精确地跟踪我们的运动。这些传感器套件(加速度计、陀螺仪和磁力传感器)可以对运动指标进行捕捉,而且功效强大,灵敏度极高。

加速度是指单位时间的速度变化量,加速度传感器即能感应物体运动过程中产生的加速度的仪器,其感应原理为两种:压电效应和压阻效应[120]。大多数加速度传感器采用的是压电原理,压电式加速度传感器核心部件是压电模块和震动模块,当传感器承受加速度时,震动模块使得压电模块产生形变,形变被转化成电信号,该电信号的强弱即代表加速度的大小。压阻式加速度传感器的核心部件是硅电阻,硅电阻在加速度作用下产生形变,形变大小即反映加速度的大小。

加速度计通过测量给定直线轴向的弹簧上的力来检测直线加速度和重力矢量。单轴加速度传感器只能感应一个方向上的加速度（通常是垂直方向），双轴加速度传感器则能感应两个方向上的加速度，三轴加速度传感器则能感应前后、水平和垂直三个方向上的加速度（图2-3）。当安装在一个固定的设备中时，三轴加速度计可以测量单个加速度轴上的加速度（图2-4）。当处于固定状态时，可以根据垂直重力加速度矢量计算出滚动和倾斜角度。

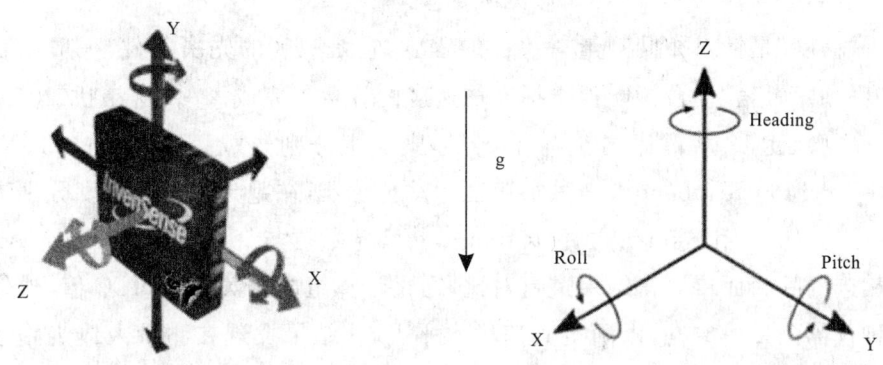

图2-3　三轴加速度传感器示意图　　图2-4　三轴加速度传感器原理图

加速度可以时间为横轴将数据导出，根据要求可进行多种参数选择（图2-5）。

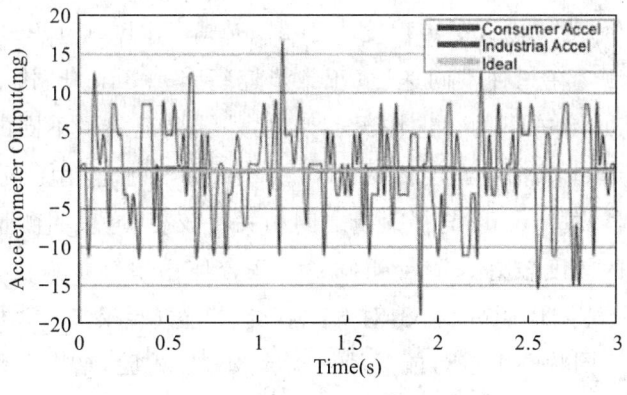

图2-5　数据形式示意图

加速度传感器一般不需要电源就能进行工作,在进行设置或者导出数据的时候需要供电,由此可见,在进行电子设计的时候,体积可尽量做小,重量也能逐渐减轻。过去几十年科技的发展,使得加速度传感器的采样频率大大提高,存储数据的空间也逐渐增大,设备能够连续使用数周乃至数月,而且体积小巧,佩戴方便,轻巧便捷,通过自带的软件,很容易对监测结果进行全面分析,制定个性化训练方案已经不是梦想。

2.2.4.2 加速度传感器信效度

"信度"是针对相同测量一致性的程度,它是效度的先决条件,一般而言信度检验采用震动台等能提供标准加速度的设备来完成[140]。赵壮壮(2013)设计实验,使12名健康男生与14名健康女生分别佩戴Actigraph GT3X、Livepod LP2、Armband 3三种加速度运动传感器,在跑台上完成速度分别为4km/h、6km/h和8km/h的跑步10min,将实验数据与气体代谢分析仪MAXⅡ相连的呼吸面罩测得结果进行对比,通过计算组内相关系数(ICC值)比较三种仪器测量一致性,以确定其信度水平[141]。结果发现在测量人体走跑运动能量消耗时,三种仪器ICC值均大于0.93,所有仪器测量值在同一速度水平上具有良好一致性,并且不同速度仪器测量值差异具有统计学意义,具有较高的信度水平,其中Livepod LP2具有最高的效度水平。

Kochersberger等(1996)就RT3加速度传感器的信度进行了实验,震动台数据结果表明,组内相关系数(Intraclass Correlation Coefficient,ICC,常用于信度评价)为0.95,变异程度小于2%[142]。Nichols(1999)用Actigraph单轴加速度测量在三种不同速度(正常步速行走4.8km/h、快走6.4 km/h、慢跑9.7km/h)状态下的行进情况[143]。另外结果记录了不同的加速度传感器(Bio-Trainer单轴加速度传感器、ActiTrac双轴加速度传感器、RT3三轴加速度传感器)的counts与摄氧量之间相关性较高,这表明测量行进采用加速度传感器的效度较好。Russell(2006)联合使用单轴加速度计(Actigraph公司生产)和气体代谢分析仪,对30名学前儿童(年龄3～5岁)在静息、慢走、快走、跳不同状态下进行能量消耗实验及效度检验,结果发现两款测试仪相关性较高,Pearson相关性检验的相关系数$r=0.82$,这表示Actigraph单轴加速度计可以对此年龄阶段的儿童人群较准确地记录各项日常活动的能量消耗[144]。Tanaka(2007)采取三轴加速度计(ActivTracer,GMS)对27名男女儿童(6±0.3岁)的9种日常活动(绘画、攀岩、卧、站或坐着看电视、步行、搭积木、跑步、拍球)的能量消耗进行间接测定,研究数据同样表明,三轴加速度计方便携带、数值精准,在此年龄阶段的儿童人群中使用三轴加速度计记录日常活动的能量消耗是精准而有效的[145]。

对于SWA信效度的研究,学者们得出了不一致的结果[85,141,146]。有学者指出,在经过8天连续测试后,该型加速度计能够很好地评估实验室条件下人体日常体力活动的能量消耗,但是室外测试效果不如室内条件下好[147]。也有研究人员认为,此类型的加速度计在不同强度时的测试数值不够准确,对成人静坐行为的测试结果是正常结果的134%,而对低强度身体活动的测试结果是正常结果的85%[148]。因此还需要更加深入的研究来证明其有效性。

2.2.4.3 当前国内外加速度传感器应用及发展情况

1. 已广泛使用的加速度传感器

将国内外主流三维加速度传感器仪汇总如表2-3。

表2-3 国内外常用三维加速度仪及特点

品牌	轴数	佩戴部位	产品特点
Caltrac	单轴	腰部	最早单轴加速度计
Actigraph 7164\7165	单轴	腕部、髋部、脚踝	连续多天记录,防水,存储量大
Actigraph GT1M	双轴	腕部、髋部	存储量高,监测体力活动与睡眠
Actigraph GT3X	三轴	髋部	可设定采样频率
Tritrac R3D\RT3	三轴	腰部	体积大,可设定采样频率
ActiTrainer	三轴	髋部	液晶显示,同步接收心率
BioTrainer	单轴	腰部	液晶显示,45°轴向测试
ActiTrac	双轴	腕部、腰部	60天数据存储,可设定采样频率
Actiwatch	单轴	腕部、腰部	连续数月存储数据
Actiheart	单轴	胸部	同步心率监测
Actical	全向轴	腕部、髋部、脚踝	防水,体积小
IDEEA	单轴	胸部、大腿、足部	信息收集全面,精确度高
SenseWear Armband	三轴	上臂	可测定三维加速度、皮肤温度、步数、皮肤电阻等参数,采样频率可调

早期比较有名的第一代加速度计为 RT3、Caltrac、Actigraph、Actiwatch、Actical、Tritrac R3D 等[83]。其中,在市场流通最早的加速度计为单轴加速度计 Caltrac。使用方法非常简单,首先输入实验对象的性别、年龄、身高、体重等信息,然后就可以记录每天的能量消耗了。虽然,Caltrac 上市后销售和应用速度都很快,但是由于其记录数值只有总和值,缺乏随时间变化的特征值[128]。

而 Actigraph 将计算机技术较早地应用到加速度计之中。Actigraph 存储空间大,以每分钟记录一次数据为例,如 7164 这一标准型号能连续存储 22 天的数据,传导关联装置将全部数据自动导入电脑,并由配套软件完成数据处理与分析。三轴加速度计的代表为 Tritrac R3D 及其后续产品 RT3。现今在全球应用最普遍的加速度计就是 Actigraph,目前普遍使用的型号为 GT1M 及其更新的 GT3X、GT3X+等。Crouter(2012)等使用 Actigraph GT3X+采用不同的能量消耗方程(Treuth、Cvm2RM、Freedson、Trost、Cva2RM、Puyau)来计算少儿平时身体活动能量消耗的效度,研究结果显示 Cva2RM、Cvm2RM 这两种方程能够降低个体误差[149]。

Blair(2012)等以学龄前儿童的静态行为为研究对象,对使用加速度计的界值进行了探讨,研究结果表明如果想在最短时间内测得准确可靠的数据(ICC\0.8),加速度计的界值在日均静态行为上应小于 373counts/15s(佩戴 6.4 天),在校内静态行为上应小于 200counts/15s(佩戴 1.8 天)[150]。

还有学者对 Actigraph 加速度计的不同型号做了对比研究,比如 Peavler(2012)等认为,新型的 GT3X+型比传统的 GT1M 型容易更高地显示成人 MVPA 时间,且大于 20min/d[151]。此外,John(2012)认为 Actigraph 型加速度计在垂直轴加速度计数时出现平台期的缘由很可能为过滤频率(0.5~2.5Hz)较窄,导致无法记录高速运动情况下的信息与数据[152]。

2. 加速度传感器发展趋势

进行日常体力活动能力消耗的监控时,由于采用传统的加速度计常遇到一些局限,加速度计的设计师和开发商试图设计更完备高端的加速度计,将运动传感器与生理传感器相关联,也就是说将加速度和其他生理学指标融合到一个传感器中,使其记录在不同方位或不同强度的日常体力活动的数据更加准确,这种创新思维也受到了广泛推崇。

Actiheart 将单轴加速度计和心电信号监控装置相关联,在记录身体活动能量消耗的同时,还能监控实时心率。Sallis(2012)等研究也发现,相较于单独使用心率或加速度计来测定日常身体运动的能耗,使用 Actiheart 明显更加精准[153]。随着加速度计在测量体力活动中应用越来越多,很多厂商也将加速度计加入到他们的产品中。最常见的是将加速度计设计加入鞋子里。虽然这种产品测量体力运动的能量消耗的精度不高,但是可以用它测量步行及跑步中的速度和距离。一些研究认为,将传感器设置在鞋内来测试步行和跑步的速度和距离的方法相对准确[83,154]。

目前,加速度计在运动与研究领域的应用越来越普遍,设计更加精良,体积更加小巧,功能越来越丰富。当然,价格也越来越高昂,价格的问题在一定程度上限制了加速度计的进一步应用和推广。伴随工业化生产的加速和应用研究的加强,在未来运动研究和健康监控方面,加速度传感器将会展现前所未有的优势。

2.2.5 运动传感器在人体能量消耗监控方面的优势性

如前文所述,进行日常体力活动能力消耗的监控时,由于采用传统的加速度计的某些局限性,加速度计的设计师和开发商试图设计更完备高端的加速度计,将运动传感器与生理传感器相关联,也就是说将加速度和其他生理学指标融合到一个传感器中,增加其记录在不同方位或不同强度的日常体力活动数据的准确性,这种创新思维也受到了广泛推崇。

然而,人体的能量消耗随着运动类型、运动频率、运动时间、运动强度的变化而变化,每个人还具有个体差异性,因此它是一个不稳定的多维的数值或者变量。此外,这个数值或者变量还受自身运动能力和体重大小的影响[155,156],要全面考虑这多方面的问题实属不易,这都为监控人体能量消耗增加了难度。

20 世纪 80 年代中期,FAO/WHO/UNO 能量代谢三大组织的专家委员会指出,我们评价能量消耗应该视具体消耗多少而判定,而并非关注摄入的数值。可是事实上,人体在运动时总的能量消耗不稳定且多变,所以并不容易找到完美的具体监控方法或手段[70]。在监控人体日常运动的能量消耗时,三维加速度传感器计法相较于仅单独使用计步器、心率或三维加速度传感器计中的一种或多种而言,显然测试的准确度是最高的,使用也是最方便的。Napolitano(2013)等以成年人为研究对象,令受试者自由活动7天,并监控其日常活动的能量消耗,研究结果表明,运用三维加速度传感器计来测量的一组明显比心率法精准得多,还发现这些数据与日常能量摄入关系密切,且日常摄入的能量比这两种方法(三维加速度传感器计法或心率法)所测出的能量消耗值要低30%[120]。

因此,运用三维加速度传感器计能够监控不同运动强度或运动频率条件下的能量消耗情况,这一应用受到相关领域的普遍重视。然而,由于资金或者操作方便程度等问题,目前大多数研究以采取间接测定能量消耗的方式为主,比如设置固定的运动强度或运动频率的运动(在设定速度的跑步机上步行或者跑步)、运用心率法测定能耗等。本研究拟设计出一个具有较高精准度的人体运动能量消耗的检测体系,具体方法为运用三维加速度传感器和微处理器来捕捉人体运动状态下的加速度,再采用相关算法计算出运动时的能量消耗。

当前在体力活动和专业运动领域有深入研究的国家和地区,如欧美、日本等,已经采用加速度计进行了多项身体活动监控与调查[157,158]。其中,在对1 000名瑞典成年人的研究中显示,通过佩戴CSA对日常体力活动进行监控,大部分研究对象没能达到MVPA目标(每天进行半小时身体活动,每次至少完成十分钟)。Amini(2011)等以美国群众为研究对象,成功地运用加速度计对其日常体力活动方式进行了多项调查[159]。这些研究都表明,加速度计在人体日常活动监控中实用性强、精准度高,也很适合应用到多人群、大规模的身体活动能耗监测。

由于运动传感器本身具备小巧、便携等特点,为了使日常健身活动更加科学,很多品牌的开发商,比如 Nike Triax、FitSense FS-1、Polar S1 footpod、Dynastream AMP331等,捕捉到了商机,已着手开始将加速度计设计到运动服装或健身器材之中去。主要测量原理在于捕捉运动时足部的加速度,以此分析人体步幅、步频、运动形式等多项参数值。传感器接受到的数据信号被储存到特定的装置之中,比如AMP331,并通过无线电波传输到运动手表等接收装置之中(比如FS-1、Nike Triax、Polar等),同时也可以用同心率等数据联合推算出能量消耗。现在市场的方向在于进一步扩展加速度计在体育设备或器材中的应用,当然,前提是还需进一步提高加速度计的精准度、操作的便捷度、外观体积等应用参数。

总体而言,以 CSA 为代表的单轴加速度计和以 RT3 为代表的三轴加速度计均显示出良好的可靠性,可见加速度计对于监控日常体力活动是一个行之有效的工具[7,160]。然而,体力活动方式是加速度计应用于能量消耗监控的准确性的影响因素之一,同时,现今加速度计在我国身体活动能量消耗监控的研究尚不多见,国外研究领域所建立的加速度能量消耗预测方案在中国应用的效度问题,并未受到严格的验证。因此,本研究以我国民众为研究对象,构建应用加速度计的身体活动监控方法,为我国民众身体活动能量消耗监控提供一些理论依据。

综上所述,加速度计相较于其他同类用途的产品而言,集客观、精准、方便等特征于一身。应用加速度计与监控体力活动能量消耗的联系紧密,输出参数全面、具体、实用性高,但是加速度计还需进一步增加其在预测能量消耗上的精准度。在国外,已使用加速度计进行了多项身体活动的相关调查,对其信度和效度也进行了多项检验,大部分结果令人满意,然而,目前国内相关研究和论证并不多见。身高、体重等身体形态特征,或者运动的强度、频率等身体活动特征是影响加速度计监控身体活动效果的主要因素。所以,我们需要针对中国民众使用加速度计对不同运动进行测试,探讨和检验其在预测能力消耗中的问题和效果,从而有助于相关产品的进一步开发和完善,使其更好地为我国全民健身事业服务。

第三章 青少年学生体质与健康研究

3.1 引　言

我国从1985年到2010年先后进行了6次全国性的学生体质监测。在2005年对全国1 300多万学生进行了体质健康标准测试,在对数据进行统计与分析后,结果显示我国学生体质健康水平不佳,存在大量影响学生体质发展的因素[22]。

将2000年学生体质健康调查数据与1985年数据相比,可以得到如下结论:身体形态和体格发育水平有所提高;营养状况明显改善;罹患各种疾病的比例持续降低;肺活量水平下降;力量、耐力和爆发力等体能指标呈现下滑趋势。

将2005年学生体质健康调查数据与2000年相比:身体形态和体格发育水平继续提高;肺活量水平下降趋势没有发生变化;力量、耐力和爆发力等体能指标继续下滑;营养过剩和不良生活习惯引发肥胖现象呈现上升和低龄化趋势。

2011年8月,教育部公布了第6次全国学生体质与健康调研结果,数据显示我国学生体质虽总体状况比第5次调研结果有所改善,尤其在身高、胸围、肺活量以及营养方面有了较为明显的提高,但是学生总体体质与健康状况仍然存在很多问题,其中最为突出的问题就是身体素质仍然呈下降趋势。2011年9月2日国家体育总局、国家教育部联合发布2010年国民体质监测结果,数据显示:青少年学生健康情况持续提高,发育处于正常水平,身体形态得到大幅改善,营养指标正常,生理发育持续得到改善。调查数据显示,对比2005年测试结果,在校学生身体素质,尤其是爆发力、力量素质和耐力素质持续呈现下滑趋势,但与前一个五年相比(2000—2005年),下降幅度明显减小。2010年国民体质监测结果显示,我国学生体质状况连续20多年下降的趋势得到遏制,但大学生的身体素质却出现了继续下滑[161]。

大学生是青少年的重要组成部分,是祖国建设的主力军,大学生体质的好坏直接影响中国未来的发展。当前我国经济飞速发展,人民的物质生活水平逐步提高,人们的身体健康水平得到了一定程度的提高。但诸多研究显示大学生某些体质与健康指标呈现下滑趋势,因此加强对大学生体质健康状况及其影响因素研究,进一步探讨对策,努力提高和改善大学生的体质健康状况,对于全面贯彻《中共中央国务院关于深化教育改革全面推进素质教育的决定》和《学校体育工作条例》的精神,保证《学生体质健康标准》的实施具有深远的意义[162-164]。

大学生体质测定的指标见表3-1。

表3-1 大学生体质测试指标

体质测试指标	内容
形态指标	身高、体重、胸围、上臂围、坐高和身体组成
功能指标	安静心率、血压、肺功能及心血管运动试验等
身体素质指标	力量指标、爆发力指标、悬垂力指标、柔韧性、灵敏和协调性、平衡性、耐力项目
能力指标	跑、跳、投等

大学生体质评价指标见表3-2。

表3-2 大学生体质评价指标

体质评价指标	内容
身体形态发育水平	体型、身体姿态、营养状况等
身体素质和运动能力	即身体在生活、劳动和运动中所表现出来的力量、速度、耐力、灵敏、柔韧等身体素质以及走、跑、跳跃、投掷、攀登、爬越、悬垂、支撑等运动能力
生理生化功能水平	即机体新陈代谢功能及人体各系统、器官的工作效能
心理状态	包括本体感知觉能力、个性、非智力因素等
适应能力	对外界环境变化的应激和对疾病的抵抗能力

本章通过选取位于我国北部、中部和南部的四所代表性高等院校,结合《标准》测试项目对大学生进行体质测试,从身体形态、身体机能和身体素质等方面进行综合评估,探讨大学生当前体质现状、影响大学生体质健康的因素,为促进大学生体质发展策略的制定提供依据,为后续运动监控和效果评估的实施打下理论基础。

3.2 研究目的

本研究以北京体育大学、武汉体育学院、中山大学、广州大学等高校在校大学生为对象,参照《学生体质健康标准》对相关指标进行测试,同时运用系统分析的方法,旨在了解大学生体质健康现状,通过问卷调查了解学生日常体力活动情况,分析大学生体质健康特征以及影响因素,为后期体力活动评估模型的制定和大学生体质健康促进方法手段的实施打好前期基础。

3.3 研究对象与方法

3.3.1 研究对象

受试者为800名来自北京体育大学、武汉体育学院、中山大学、广州大学的非体育专业在校大学生,平均年龄20.12岁,男性受试者437名,女性受试者363名。受试者身体健康,自愿参加相关体质测试。根据实验要求,受试者实验前一天无大强度体力活动,测试前1小时内不得进餐,测试前一餐摄入的食物中不得有辛辣等刺激性强的食物。受试者在进行测试之前,签署《知情同意书》。

知情同意书

项目名称:大学生体质健康测试及日常体力活动能量消耗测试

测试方:大学生体质健康测试由教育部指定高校自行进行;大学生体力活动能耗测试由国家运动营养测试研究中心、武汉体育学院实验室进行。

本《知情同意书》中可能有些您不理解的内容,可向负责试验工作的研究小组成员要求解释任何您不清楚的术语或资料。

项目简介:依照2013年《国家大学生体质健康标准》,对大学生进行体质测试,同时通过对大学生日常体力活动的监测,构建能量消耗模型,对大学生体力活动进行综合评估。

项目测试内容和测试方案

一、体质健康测试按照《国家大学生体质健康标准》内容实施;

二、体力活动测试项目为平躺、步行、跑步、伏案、爬楼梯、自行车、俯卧撑，共计七项。测试项目及要求如下：

1. 平躺：实验室地面放置一块瑜伽垫，受试者平躺上面，双腿伸直，双手平放身体两侧，呼吸均匀。

2. 步行：跑台进行，以3.2km/h、4.0km/h、4.8km/h和5.2km/h，增加速度，要求步频均匀，手臂前后自然摆动，结束后休息5min恢复至安静心率。

3. 跑步：跑台进行，以6.4km/h、7.0km/h、8.1km/h和9.0km/h进行800米跑步，要求步频均匀，手臂握拳弯曲同时前后自然摆动，结束后休息5min恢复至安静心率。

4. 伏案：日常使用办公座椅一套，要求受试者坐姿正确，上身直立，双手自然放置于桌面，伏案进行电脑操作或者看书。

5. 爬楼梯：16～18cm高楼梯台阶，上楼、下楼速度100～120步/分钟和全力冲刺，步频均匀，手臂于身体两侧下垂同时前后自然摆动。测试时以节拍器控制步频，节拍每响一次受试者上/下一级台阶。测试之前，受试者需要在测试人员带领下熟悉节奏和速度，正式测试中受试者以自然步态匀速运动，速度稍慢或稍快时根据节拍和标记物调整速度。

6. 自行车：实验室功率自行车，通过设定程序，分别要求以10km/h、13km/h、15km/h和20km/h四个速度（转速分别为39 l/min、52 l/min、60 l/min、80 l/min）骑行3分钟，四个速度连续进行。功率设定公式，摩擦系数$f_u=0.02$，人体重量m(kg)，骑行速度V(km/h)，即时功率$P = m \times f_u \times V \times 9.8 \times 1000/3600 = m \times V \times 0.054$。骑行结束后休息5min恢复至安静心率。

7. 俯卧撑：在实验室瑜伽垫或者地垫上进行，动作要求：直背，双腿伸直，手分开撑放置于俯卧撑垫指定位置，然后身体下降至背部与肩部和大臂平，而腹部不能碰到垫子，一组5个，做3组。

隐私保密

由本试验所得到的记录，将作为本研究小组研究报告使用。试验数据可能会作为研究信息使用发表，但您的姓名绝对不会出现在研究报告中。

运动后不适及潜在危险

在运动能力测试中和测试后可能会有身体不适感，如出汗、心跳加快、喘气、肌肉酸痛等，这属于运动后的正常反应。如果有更严重的反应，我们将立即带您到医院就医。

为确保您能顺利完成运动能力测试,在测试过程中,我们会随时询问您的感受,您一定要真实地向测试人员示意您的感受。如果您不能忍受测试过程中的不适或不愿继续进行测试,可立即要求测试人员终止测试。

声明

我声明:我没有参与该项目的禁忌症:妊娠和哺乳期、安静心率<60次/分或>100次/分、患有某些疾病(慢性支气管炎、哮喘、肺结核、胸膜炎、心脑血管疾病、高血压、运动系统残疾、严重贫血和晚期糖尿病等心肺和其他全身性重大疾病)。

承诺

我已经读完而且了解前面有关这个项目的资料,有关负责人对试验中潜在的危险及不适已作出全面解释,并且给我机会就关于本试验及我的参与提出问题,且已得到满意的答复,基于个人的意愿,我同意作为志愿者参加本研究的所有试验或测试。

同时,我将保持与项目管理人员的通讯畅通。

我同意提供我的试验数据给研究者。

谨以签署本同意书确认我同意参加本项目。

参与者签名:

日期:

3.3.2 研究方法

1. 文献资料法

通过查阅武汉大学、中山大学、武汉体育学院等图书馆,在"ELSEVIER SCIENCE 全文学术期刊数据库""EBSCO 数据库""ACSM 电子期刊数据库""西文数据库""中国期刊网""中文科技期刊数据库""维普资讯""万方数字化期刊全文数据库"等数据库进行全面检索,搜集国内外针对大学生健康评价理论方法和体质健康促进的相关文献,总结、归纳前人研究成果以及存在的不足,为本项研究的理论和方法学奠定基础。

2. 问卷调查法

根据国务院下发的《国务院办公厅转发教育部等部门关于进一步加强学校体育工作若干意见的通知》(国办发[2012]53号)文件精神,教育部体育卫生与艺术教育司根据不同年龄段设计了调查问卷,本研究将使用2013年大学版《国家学生体质健康标准》测试卡片,就大学生个人课余活动与参加体育锻炼情况对大学生进行问卷调查。

2013年《国家学生体质健康标准》
测试卡片(大学)

亲爱的同学们:

你们好!

《国家学生体质健康标准》是国家对学生体质健康的基本要求,是保障同学们健康、快乐成长,激励同学们积极参加体育锻炼的教育手段。请大家认真如实填写个人信息,并保持最佳的精神面貌,尽力参加测试。

若同学们在测试前感到身体不舒服或者有伤、病,请及时通知老师,我们会同意你退出本次测试。

同学们,你们的健康、快乐是我们的共同心愿!

类别:	
姓名:	
性别:	
年龄:	(周岁)
学校:	
年级:	
班级:	

教育部体育卫生与艺术教育司

一、分类代号

以下信息由测试队填写

01. 省(区、市)名称：_____ 代码：☐☐

02. 地(市)名称：_____ 代码：☐☐

03. 抽样学校代码：☐☐☐

04. 测试序号：☐☐☐

二、个人信息

请同学们在符合你个人情况的答案上划"√"，代码由测试队填写在方格内

01. 你的民族：①＝汉族　　　②＝少数民族　　　　　　　　代码：☐

02. 你的性别：①＝男　　　　②＝女　　　　　　　　　　　代码：☐

03. 你的户口：①＝城镇　　　②＝乡村　　　　　　　　　　代码：☐

04. 你的出生日期：☐☐☐☐年☐☐月☐☐日

05. 测试日期：　　　☐☐☐☐年☐☐月☐☐日

三、个人课余活动与参加体育锻炼情况

请同学们在符合你个人情况的答案前划"√"，代码由测试队填写在方格内

01. 上学期，你每天平均睡多长时间：　　　　　　　　　　　代码：☐

①＝不足6小时　　　②＝6小时～7小时　　　③＝7小时～8小时

④＝8小时～9小时　　⑤＝9小时～10小时　　⑥＝10小时及以上

备注："6小时～7小时"是指等于或超过6小时，但不足7小时，其余时间段相同

02. 你每天上学和放学回家采用的主要交通方式是：　　　　　代码：☐

①＝步行　　②＝自己骑自行车　　③＝乘公共车、私家车　　④＝住在学校

备注：选择第4个答案的同学不用回答第3题。

03. 你每天从家到学校花费的时间是：　　　　　　　　　　　代码：☐

①＝10分钟以内　　　②＝10分钟～30分钟　　③＝31分钟～50分钟

④＝51分钟～60分钟　⑤＝61分钟～90分钟　　⑥＝90分钟及以上

04. 你喜欢上体育课吗？　　　　　　　　　　　　　　　　　代码：☐

①＝非常喜欢　②＝喜欢　③＝一般　④＝不喜欢　⑤＝非常不喜欢

05. 上学期，你每周上几节体育课？　　　　　　　　　　　　代码：☐

①＝0节　②＝1节　③＝2节　④＝3节　⑤＝4节及以上

06. 你们学校是否存在"挤占"或"不上"体育课的现象？　　　代码：☐

①＝经常存在　　②＝偶尔存在　　③＝不存在

07. 你上体育课时，经常会感觉到： 代码：☐
① = 不出汗,很轻松 ② = 出汗、有点累 ③ = 出汗、比较累 ④ = 大汗淋漓、很累

08. 你喜欢参加的体育项目主要是？（限选3项，按照喜欢程度排序）

代码：☐☐☐

① = 篮球、足球、排球等球类活动　　② = 乒乓球、羽毛球等球类活动
③ = 游泳　　　　　　　　　　　　　④ = 轮滑（溜冰）等
⑤ = 游戏类（如跳绳、跳皮筋、踢毽子等）⑥ = 短跑类（如50米跑等）
⑦ = 长距离跑（如800/1000米跑等）　⑧ = 跳跃类（如跳高、跳远等）
⑨ = 投掷类（如掷实心球、沙包等）　⑩ = 体操类（单、双杠、垫上运动等）
⑪ = 健身操类（广播体操、艺术体操、健美操等）
⑫ = 其他_____（请在横线上填写）

09. 你每天平均用于体育锻炼的时间是？ 代码：☐
① = 不足30分钟　② = 30分钟~1小时　③ = 1小时~2小时　④ = 2小时及以上

备注：体育锻炼是指学生在校期间参加的所有体育活动，包括课间操、体育课和课外体育活动。

10. 你愿意参加长跑锻炼吗？ 代码：☐
① = 非常愿意　② = 愿意　③ = 一般　④ = 不愿意　⑤ = 非常不愿意

11. 你愿意参加力量性练习吗（如引体向上、仰卧起坐、俯卧撑、哑铃等）？

代码：☐

① = 非常愿意　② = 愿意　③ = 一般　④ = 不愿意　⑤ = 非常不愿意

12. 最近一学年,学校共组织了几次运动会？ 代码：☐
① = 0 次　② = 1 次　③ = 2 次　④ = 3 次及以上

13. 你平均每天看电视、玩电子游戏和用电脑的时间是： 代码：☐
① = 0 分钟　　　　② = 30 分钟以内　　　③ = 30 分钟~1 小时
④ = 1 小时~2 小时　⑤ = 2 小时~3 小时　　⑥ = 3 小时及以上

四、测试指标

01. 身高（厘米）　　　　　　　　　　　　☐☐☐.☐

02. 体重（千克）　　　　　　　　　　　　☐☐☐.☐

03. 肺活量（毫升）　　　　　　　　　　　☐☐☐☐

04. 50 米跑（秒）　　　　　　　　　　　　☐☐.☐

05. 立定跳远（厘米）　　　　　　　　　　☐☐☐.☐

06. 引体向上（男）（次）
　　1分钟仰卧起坐（女）（次）　　　　　☐☐☐

```
07.1000 米跑(男)(秒)____分____秒
              折算成秒                              □□□.□
    800 米跑(女)(秒)____分____秒
              折算成秒                              □□□.□
08.坐位体前屈(厘米)                                  □□□.□
                                      检验员：_____
```

3.测试法

2002年7月国家体育总局和国家教育部共同组织研制颁布了《学生体质健康标准》并开始实施,明确了学生体质测试项目要求(表3-3)。《标准》适用于普通高等学校的在校大学生,《标准》是"促进学生体质健康发展、激励学生积极进行身体锻炼的教育手段,是学生体质健康的个体评价标准,也是学生毕业的基本条件之一"。根据《标准》要求,大学生测试的项目共9项。《学生体质健康标准》的颁布加强了学校对学生体质健康问题的高度关注,也增强了学生自己对自我健康的认识。

表3-3　2013年《国家学生体质健康标准》测试项目表

组别	测试项目
小学一、二年级	身高、体重、视力、坐位体前屈、50米跑、1分钟跳绳
小学三、四年级	身高、体重、视力、坐位体前屈、50米跑、1分钟跳绳、1分钟仰卧起坐
小学五、六年级	身高、体重、视力、肺活量、坐位体前屈、50米跑、400米跑(50米×8往返跑)、1分钟跳绳、1分钟仰卧起坐
初中、高中、大学各年级	身高、体重、视力、肺活量、50米跑、1000米跑(男)、800米跑(女)、坐位体前屈、立定跳远、引体向上(男)、1分钟仰卧起坐(女)

说明:凡测试项目后未注明性别的,男生、女生都测。

4.数理统计法

收集所有测试数据,建立数据库,整理剔除无效数据,根据《学生体质健康标准》评分标准和等级评定进行评定,使用SPSS17.0统计软件对数据进行统计分析,评定结果使用大学版学生体质健康标准智能服务系统(3.1版本)软件进行系统评估,确保结果客观准确。

3.4 结果与分析

3.4.1 测试结果总评

将测试结果进行汇总制成图3-1,统计分析显示,测试成绩分布整体呈现两端少、中间多的趋势。此次受试大学生优秀率为5.7%,良好率为35.2%,及格率为40.7%,不及格率为18.4%。优秀和良好的比例占总人数40.9%,及格和不及格占到59.1%,说明这几所大学的大学生体质健康处于良好的比例相对较少,及格和不及格比例相对较大。

从性别上来看,男生优秀率略高于女生,不及格率比女生低;男生及格率明显高于女生,但是达到良好的人数不如女生多。

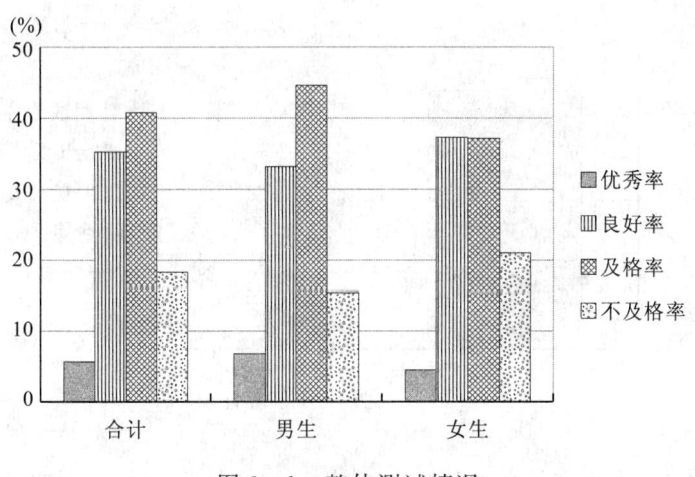

图3-1 整体测试情况

3.4.2 身体形态

身体形态与体能、活动机能密切相关,是人体结构的直接表现。评价身体形态的指标主要有身高、体重及BMI值,对评估学生的生长发育程度、身形匀称度、营养状况水平具有重要意义。身体形态的发育,外在反映人体的生长状况,更重要的是反映内在发育的趋势,同时对学生的生理机能、身体素质和运动能力也产生重要的影响。

1. 身高和体重

身高是人体纵向维度形态指标,反映高度和骨骼生长发育的情况;体重是表现人体横向维度的指标,反映骨骼、肌肉、脂肪的重量和发育状况。身高受年龄、性别、遗传因素、饮食习惯、运动情况、疾病、生活条件、地理环境等因素的影响。一般情况下,体重的增加,表示肌肉增加、肌力增长、营养状况得到提高。相对于大学生而言,体重改变受外界环境影响比较大,营养的摄入情况和体育锻炼的消耗与体重的增减密切相关。

2005年和2010年全国体质健康测试结果显示:男生平均身高为172.10cm,女生平均身高为160.10cm;男生平均体重为63.0kg,女生平均体重为51.6kg。从身高分布统计图(图3-2)和体重分布统计图(图3-3)对比可以看出,测试大学生在身高和体重方面均高于全国平均值。

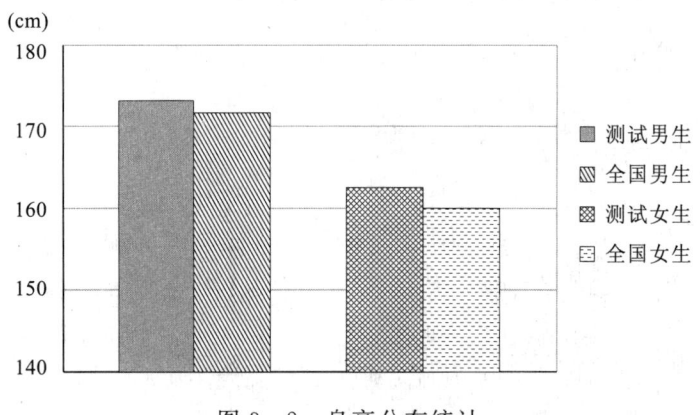

图3-2 身高分布统计

身高方面,男生平均身高达到173.10cm,女生为162.50cm,测试大学生整体身高处于较好水平。据已有研究表明[161],引起身高差异的原因,既可能存在一些不易改变的或不能改变的地理、气候条件等自然环境因素,也可能存在着遗传因素、生活状况、经济水平、营养状况等容易改变的社会环境因素。

测试大学生体重也高于全国平均值,体重的生长发育存在地域性特点,受遗传、社会环境、自然环境等因素影响,同时还与饮食结构有关。受试大学均处于省会地区,交通便利,食物来源好,尤其是广州几所大学,广州宜人的气候、丰富的物产、清淡的烹调方式对于促进大学生饮食的均衡和蛋白质的摄取起着重要作用,一定程度上提高了大学生平均体重。

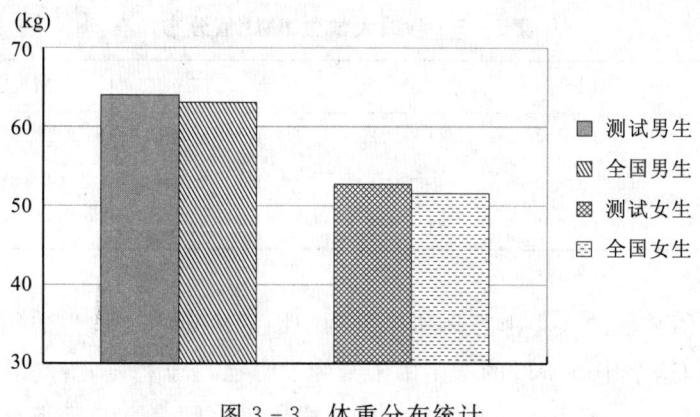

图 3-3 体重分布统计

2. BMI 值

体质指数 BMI(Body Mass Index)依照世界卫生组织所规定的标准,即 BMI=体重/身高^2(kg/m^2)。国际肥胖研究协会及国际肥胖专家组于 2002 年 2 月联合发布《亚太地区肥胖的重新定义和处理》指导性手册中[165]所定义肥胖标准见表 3-4。

表 3-4 肥胖标准

指 标	定 义
BMI<18.5	过轻体重
18.5≤BMI<23	标准体重
23≤BMI<25	超重
25≤BMI<30	肥胖Ⅰ度
BMI≥30	肥胖Ⅱ度

统计分析得知,在校大学生 BMI 值总体均值为 20.6kg/m^2,其中男生均值为 21kg/m^2,女生为 20.4kg/m^2。对不同年级学生分别进行对比,通过对测试 BMI 值分布(表 3-5)分析,整体来看,2011 级(大三)学生 BMI 值达到最高,分布呈现先升后降的趋势,为倒"V"形状。男、女生的 BMI 值 2011 级均较 2012 级增长幅度增大,2010 级较 2011 级有所下降,其上下波动区间分别为男生 0.4kg/m^2 和 0.2kg/m^2、女生 0.5kg/m^2 和 0.3kg/m^2,差异比较明显。

表 3-5　测试大学生 BMI 值分布

年级	2012 级	2011 级	2010 级	M±SD
男生	21.9±2.1	21.3±2.4	22.8±1.7	22±1.9
女生	18.1±1.3	20.6±1.1	21.5±2.1	20.4±3.1
均值	19.4±2.9	21.1±3.6	22.7±2.1	21.6±2.7

BMI值数值的大小由身高和体重两个因素决定。大学生的年龄一般在19~25岁,这个年龄阶段的学生由于身体发育已趋于稳定,身高基本停止生长等生理特点和原因[166],所以大学生不同年级之间身高几乎不存在明显差异。大学生身高(分子)基本趋于不变的情况下,则 BMI 值随体重(分母)的变化而变化,因此,大学生 BMI 值变化的主要驱动和影响因素就是体重。

从大学生 BMI 指数等级呈现的性别特点来看,仍可发现一些问题,如女生低体重情况比较明显,男生正常体重率比较高。当代女性主流审美观是"以瘦为美",使得许多在校女大学生过分追求苗条的身材,在饮食方面吃的很少,甚至不吃早餐或者晚餐,在食物构成方面也过分追求低脂肪低热量的食物,造成较低体重的比例较高。而大多数男生对于形体要求不高,活动量也比女生大,故较低体重的比例比女生低。但值得注意的是,伴随年级增长,男生超重比例逐渐增高,不良的生活方式和过多时间的伏案生活是造成这种趋势的主要因素。

影响体质强弱的因素是多方面的,它与遗传、环境、营养、体育锻炼等有着密切的关系。遗传只对体质的状况和发展提供了可能性或前提条件,体质的强弱则有赖于后天环境、营养、卫生和身体锻炼等因素。因此,有计划、有目的进行科学的锻炼,是增强体质最积极有效的手段[167]。

3.4.3　身体机能

此次测试中,表现身体机能的指标就是肺活量值。肺活量是指在不限时间的情况下,一次最大吸气后再尽最大能力所呼出的气体量,这代表肺一次最大的机能活动量,是反映人体生长发育水平的重要机能指标之一[81]。《国家学生体质健康标准》要求,肺活量是小学五、六年级及初中、高中、大学各年级学生的必测项目。

数据分析说明(表3-6),测试大学生肺活量总体均值为3 294.7ml,男生为3 971.2ml,女生为2 684.9ml。从发展趋势可以看出,男生的肺活量从2012级到2010级随年级的增长有所提高,两年时间总体上增加了100ml;女生的肺活量变化趋势与男生相同,同样在两年期间增加了130ml。说明被测大学生肺活量发展总体上随着年级的增高呈逐渐增长。究其原因,主要可以归纳为如下几个方面。

表3-6 测试大学生肺活量统计数据

年级	2012级	2011级	2010级	M±SD
男生	3917.3±622.6	3966.5±572.3	4012.1±633.7	3971.2±530.1
女生	2607.4±422.9	2622.8±473.7	2732.6±395	2648.3±417.4
均值	3293.5±419.7	3410.3±387.8	3543.4±422.7	3294.7±380.2

第一,大学时段是身体发育的最后阶段,身高、体重、胸围的变化,促进了肺活量最后的增加,其体重逐渐升高,肺活量水平随之相应增高;同时,这种增加还与体育锻炼呈正相关,有效的体育锻炼可以促进肺活量的增大,这也和相关研究结论相吻合[54,168]。

第二,通过调查问卷可以看出,随着年级的增高,大学生对于健康的思想重视程度和锻炼的意识有所增强,学生愿意有规律地从事体育锻炼,虽然目的各不相同,有些是为了塑造完美体形,有些是想提高单项运动技能,特别是女生偏重于有氧锻炼,所有这些目的最后都增强了心肺功能。因此,肺活量总体情况呈增长趋势。

3.4.4 身体素质

身体素质不仅和运动能力密切相关,它是完成技术动作的基础,而且与人的健康水平、日常生活、工作的能力紧密相连;身体素质不仅仅是人体运动的技能能力,而且也是人体劳动和生活的技能能力,与人体健康、高效地生活、娱乐和工作有密切的关系。

将身体素质分为三大类:耐力类、柔韧和力量类及速度和灵敏类。把这三类得分进行汇总,得到大学生身体素质总得分。全国数据来源于教育部公布的2005年和2010年中国学生体质与健康调研报告结果,通过计算分数获得(图3-4)。

从图3-4中可以看出,此次受试大学生在身体素质方面明显低于全国水平,男生平均得分67.2,全国平均得分70.3;女生平均得分63.9,全国平均得分为70.2。

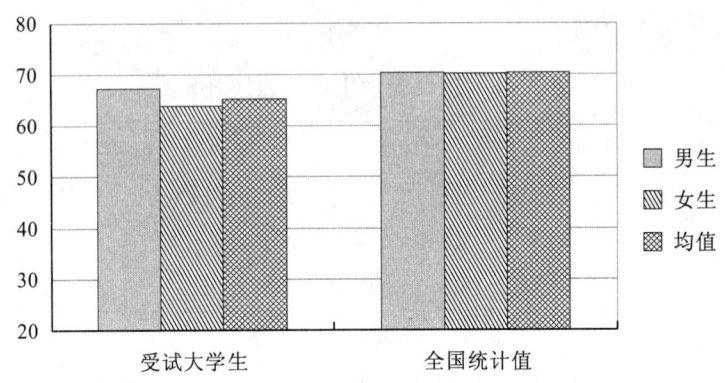

图3-4 大学生身体素质测试结果统计

分析原因,大体有如下几个方面:①当前大学生未能形成正确的"健康第一"的体育观念和体育行为,整体参加体育锻炼的积极性不高,思想存在惰性;②运动氛围欠佳,学校和老师在引导青少年学生改善生活方式、积极投入锻炼的力度不够,学生参与运动的时间主要集中在体育课上,课余参与体育活动的兴趣不高,无人督促时就很少锻炼,因此唯有使体育活动成为青少年生活中不可缺少的一部分,才可提高学生体质健康水平;③部分学生对测试重视度不够,测试过程中懒懒散散,学校测试人员对监测工作的重视也不够,责任心不强,导致部分测试结果无法真实反映学生体质情况。

1. 耐力素质

不同年级耐力素质测试得分结果汇总见图3-5。

从图3-5看出,耐力素质整体得分不高,仅仅处于及格线以上。男生耐力素质伴随年龄增长呈提高趋势,2010级男生整体得分超过70分,而2012级和2011级整体得分处于60~65分之间;女生耐力素质先升后降,2011级女生耐力素质比2012级和2010级好,但是三个年级均未超过70分。

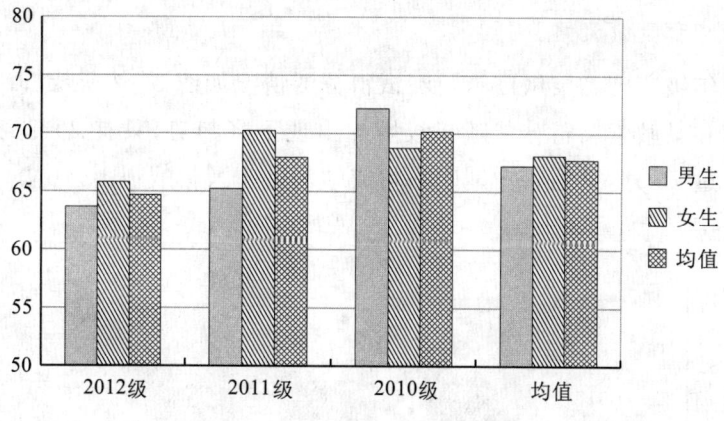

图 3-5　不同年级耐力素质得分汇总

2. 柔韧和力量素质

不同年级柔韧和力量素质测试得分情况如图 3-6 所示。

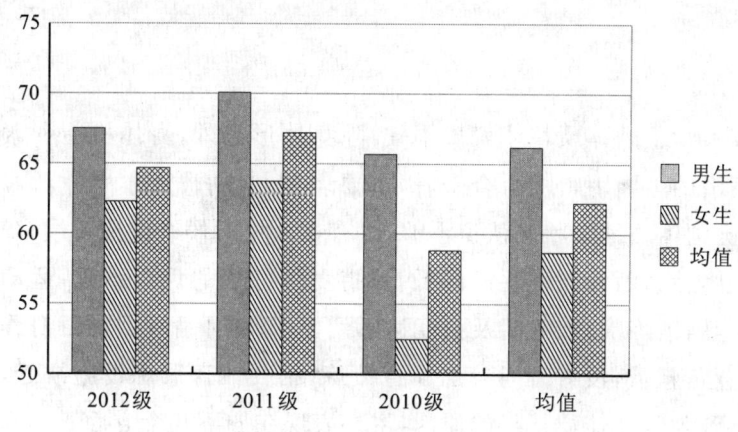

图 3-6　不同年级柔韧和力量素质得分汇总

从柔韧和力量素质的得分的分布可以看出,2011 级整体成绩最好,男生平均得分接近 70 分,女生接近 65 分。2010 级最差,男生平均分只有 65 分,女生平均分更是不及格,只有 52 分。男女生三个年级成绩走势呈现倒"V"形状,女生均值不及格。

3.速度和灵敏素质

不同年级速度和灵敏度素质测试得分的情况如图3-7所示。

速度和灵敏素质得分伴随年级增加出现下降趋势,只有2012级学生平均成绩超过70分,其他各个期间平均成绩均处于及格线以上。

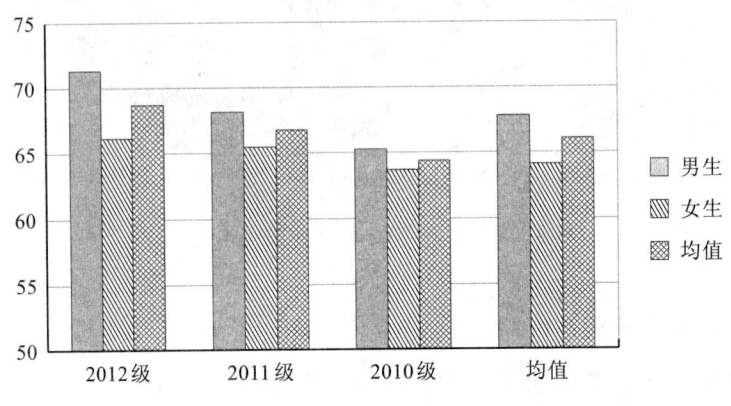

图3-7 不同年级速度和灵敏素质得分汇总

4.小结

高校大学生的体质整体表现不佳,除身体形态外,身体机能和素质是导致体质下滑的主要因素。综合来看,主要表现在:高校大学生生活习惯不规律;对自己的体质健康状况认识不够,只有在入校时候有锻炼习惯,随着时间推移,惰性增强,锻炼频率逐渐降低,保持身体健康的观念不强;运动锻炼的参与度不高,锻炼次数、时间及强度达不到要求;对体育项目的健身作用认识不清;课业负担重,没有时间参加体育锻炼,相关体育锻炼设施缺乏,怕受累吃苦。导致大学生体质下降的原因,主要表现在如下几个方面。

(1)思想认识放松。科技的进步,经济的发展,为人民群众生活水平的提高给予了强大的推动作用。但是物质条件给生活带来便利的同时,却没能使精神文明生活得到相应提高,人们普遍较原来变得更加懒惰了,不愿意花费时间和精力去从事体育锻炼,健身意识逐步丧失。中国当前的发展使得绝大部分家长不愿后代再次经历贫困生活,生活条件的改善让吃苦成为了过去,中国式家庭教育的重心就是一切以学业为主,考上好的大学成为所有家长对于子女的唯一期望,这种思想严重阻碍了青少年时期体质发展的过程,身体底子差也是当前大学生中普遍存在的现象。另一方面,不良的饮食习惯和不健康的食物充斥着学生的餐桌。高脂肪、高热量食物的大量摄入也是导致健康受损的因素之一。

(2)科技的进步带来文化产业的快速发展,可供人们选择的消费活动越来越多,运动锻炼这种枯燥的休闲方式不再受到大学生青睐,"以静代动"的方式逐渐成为了主流。便捷的交通工具,使得行走时间和距离减少,更多人选择坐车出门;我国"三口之家"的家庭模式,让孩子免受外界危害的同时,也减少了外出活动的机会,家长往往以危险为由制止从事锻炼活动,使得运动量大幅降低。"以静取动"的时间越来越多,看电视、玩电脑、做作业及上各类学习班成为了学生生活的主体[169]。

在中国,大学生是祖国的未来、民族的希望,是国家建设的栋梁之材。大学生只有拥有健康的体魄、先进的科学知识,才能够把祖国建设好,二者缺一不可。然而从以上针对大学生体质健康测试结果可以看出,其整体健康状况一直处于较差水平,未能达到合格标准,尤其是在身体素质和运动能力方面,下滑趋势相当明显。因此,如何改善大学生体质现状,提高大学生素质,使其能够成为合格的社会主义接班人和建设者,成为当前亟待解决的问题[170]。

3.4.5　个人课余活动与参加体育锻炼情况分析

在大学版 2013 年《国家学生体质健康标准》测试卡片中,对学生个人课余活动与参加体育锻炼情况进行了问卷调查,问题涉及学生日常生活与体育锻炼情况,包括睡眠时间、体育课开展与实施情况、平时喜爱的运动种类及从事时间、休闲时间等方面。现将部分结果统计分析如下。

1. 时间分布情况

体力活动充足要求每周至少有 5 天参加中等强度体力活动。1995 年,美国疾病预防控制中心(CDC)、美国运动医学学院(ACSM)建议人们每天或在一周绝大多数天数里参加 30 分钟中等强度的体力活动[47]。1996 年,美国公共卫生局在《体力活动与健康》一书中总结了体力活动带来的很多健康收益,并建议人们为了保持健康,每天要通过中等强度或大强度的活动消耗 150 千卡热量。体力活动与健康存在量效关系,体力活动时间越长,强度越大,其健康收益越多。经过近 30 年的不断研究,2010 年美国疾病控制中心

(CDC)在报告中关于体力活动的推荐量更为细致、丰富,并且针对不同的群体、不同体重人群给出了不同的推荐量。推荐量指出美国青少年每周应进行3次以上,每次60分钟以上的中、高强度的体力活动[171]。汇总每天睡眠时间如图3-8所示。

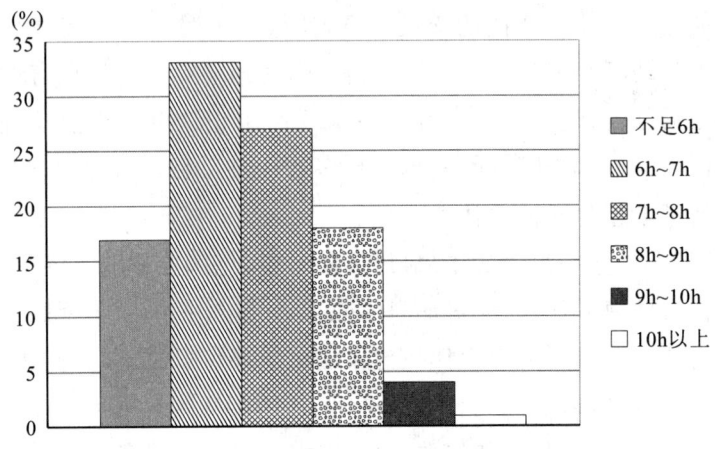

图3-8 大学生每天平均睡眠时间汇总

此次接受调查的大学生,在每日平均睡眠时间方面,60%的人可以达到6~8小时。8小时睡眠也是推荐的正常睡眠时间,多于或者少于8小时将会对精神和身体健康产生不良影响。但是值得注意的是,有将近20%的学生睡眠时间不足8小时,另外又有将近20%的学生睡眠时间超过了8小时。

将受试大学生每天参与体育锻炼和休闲的时间进行汇总,如图3-9所示。

调查中发现,平均每天锻炼0.5~1小时的人数最多,有41%;坚持每次锻炼平均在1小时以上的人数,只有22%。大学生锻炼整体情况不佳,绝大部分人没有经常保持运动的习惯。对大学生非运动时间活动情况进行统计,在看电视、玩电子游戏和用电脑方面有87%的人平均每天花费1小时以上的时间,其中超过2小时的更是达到50%以上。网络的普及消耗了学生大量课余时间,挤占了他们用于运动和锻炼的时间,这也就解释了之前大部分人从事体育活动时间少于1小时的原因。

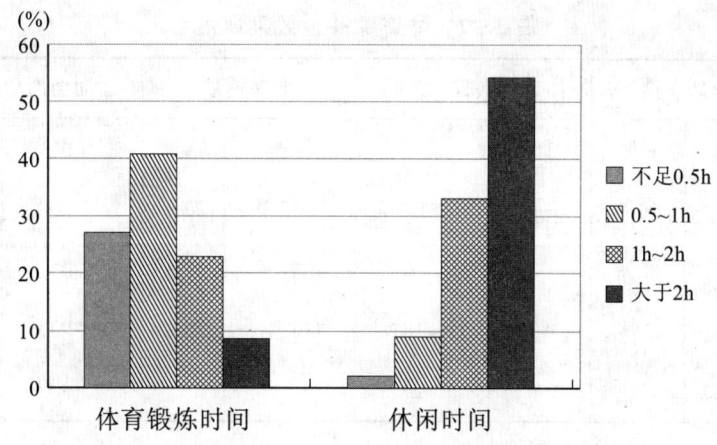

图 3-9 大学生体育锻炼和休闲时间汇总

从这部分分析来看,绝大部分受试大学生根本没有达到推荐的每日运动量要求,学生花费了很多时间在静坐方面。长时间面对电子类产品,对学生体格发育、视力和大脑发育产生不良影响,严重损害体质健康。体育锻炼时间不足、运动强度不够是导致身体素质下降的决定因素。提倡了多年的"素质教育、健康第一"的教育口号在面对升学和就业压力之时显得苍白无力。中学教育的主旨就是为了学生可以考上理想的大学,为此,他们将体育教育搁置在可有可无的地位,不去关心学生体育课的教学情况,特别是高三阶段,迫于高考和升学压力,很多学校都不允许学生去上体育课,甚至连平时的基本运动时间都不会给学生。这种教育理念和教学安排,直接导致在大学新生入学体检过程中,很多学生身体素质和生理机能处于很差水平,给大学体育教育带来很多不便之处。

同时,社会竞争日益激烈,生活节奏明显加快,当代大学生在毕业时也面临着多方面的压力,毕业后是选择继续深造或者谋求好的就业机会,成为大学毕业生唯一的追求。鉴于此,学生不仅学习压力、负担过重,而且心理负担也越来越重。相应挤掉了文化娱乐和体育锻炼活动的时间,因而导致的睡眠不足、精神紧张也是促使大学生体质水平下降不可忽视的原因。

2.体育课开展与效果

对高校体育课开设的效果进行调查,从每周体育课数量、运动会举办频率、学生对于体育课评价方面进行分析,见表 3-7 所示。

表 3-7 体育课开设效果评估

对体育课态度		体育课次数(每周)		上课效果		运动会次数(每年)	
非常喜欢	18%	0 节	0	轻松	14%	0 次	0
喜欢	48%	1 节	0	有点累	39%	1 次	53%
一般	32%	2 节	72%	比较累	35%	2 次	31%
不喜欢	2%	3 节	18%	很累	12%	3 次以上	16%
非常不喜欢	0	4 节以上	10%				

大部分学生喜欢上体育课,表现出对于体育锻炼的积极态度。在询问人群中,有34%受访大学生表示对体育课态度一般或者不喜欢,在原因方面,主要是没有兴趣和不爱运动。体育课老师在课程设置方面没有新意、课题气氛不活跃、互动不多是导致学生不喜欢上体育课的首要原因。一方面大学生比较喜欢有新意的运动项目,对传统的基础性项目训练热情不高,容易打消上课积极性;另一方面,现在老师在课程组织方面,也缺乏创新点,大部分课程都是先开始教授内容,然后学生自行练习,缺少和学生的互动与交流,导致学生上课积极性降低。

除了体育院校,另外几所综合类大学体育课开设数量都是每周两次,达到教育部关于高校体育课设置的要求。体育院校在公共体育课方面,也达到了每周两次,另外运动专项学生还有相应的专业课要求。

在学生对于课程效果评价方面,大部分人都觉得还是比较累的,每次体育课都会出汗。在体育课课程强度方面,基本都达到了要求,学生反应良好。

校运动会是督促学生平时加强体育锻炼的一个重要手段。学校体育竞赛是弥补学校课堂教学效果不足、增强学生体质健康、培养学生体育兴趣的主要途径之一[172]。从落实情况来看,都达到了教育部要求,平均每年都能够举办一次校级运动会。条件较好的学校,各个院系还会组织院系级别的运动会或者专项运动比赛,在全面落实学生保持运动习惯、促进学生体质健康发展方面起到良好的效果。

3. 体育项目喜好度排序

研究表明,从事不同的体育项目的练习,对大学生的身体素质会产生不同促进作用[173],而且大学生对某项运动的喜爱可以促使其更多地参与到这项体育运动中去。通过列举一系列体育运动项目,让受试大学生根据个人喜好程度进行排序。图3-10是按照喜好度对当前大学生从事锻炼项目进行排序。

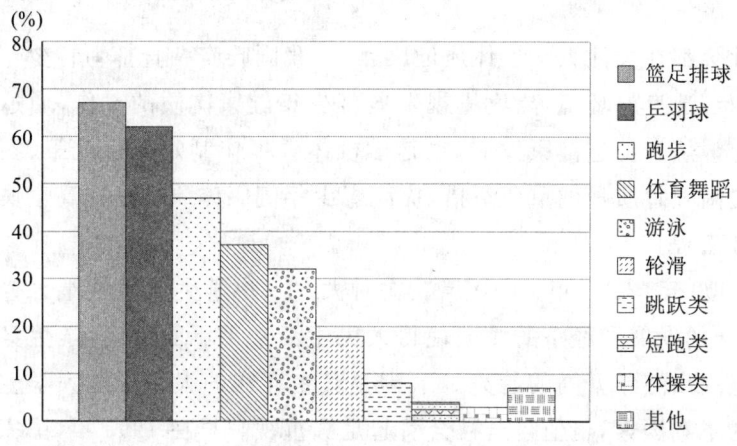

图3-10 大学生喜欢体育项目排序

按照喜好程度和选择人数,对大学生最爱从事的运动项目进行统计。结果表明球类运动依然是如今大学生最喜欢的运动项目,对于传统的篮球、足球、排球、乒乓球和羽毛球,各个学校学生都有很高的参与度,学校相关的配套设施也很齐全,确保了在硬件方面对于学生参与运动的支持度。跑步和体育舞蹈也是当前学生喜欢的运动项目。跑步对于环境设施要求很小,技术度也不高,而且时间可灵活安排,越来越多学生愿意参与跑步活动。伴随现在越来越多的健身俱乐部的出现,对于体育舞蹈的普及产生了良好的促进作用。体育舞蹈对于女生形体的塑造有很好的作用,在条件允许情况下,大部分女学生都愿意从事相关训练,而且体育舞蹈运动强度比较高,长期练习对于保持健康体质效果显著。其他项目,比如游泳和轮滑类,由于此次调查对象多在南方,此类项目也有很好的参与度,中山大学将游泳作为考核学生毕业的一项指标,也促进了游泳项目在学生中的参与程度。轮滑是最近几年兴起的运动,在大学生中得到越来越高的重视与参与,很多大学建立了轮滑社团等学生组织,也带动了该项运动在大学生中的普及。

在调查中,有一个值得注意的方面,当前资讯的发展给学生带来了越来越多了解外界信息的机会,在问卷里,很多学生对于一些非传统项目,比如棒垒球、攀岩、野外生存、皮划艇等产生浓厚兴趣,有意愿在条件允许情况下尝试参与,这也给学校体育教育未来的发展提供了契机,如何在现有传统项目里引进新鲜事物,全面发展学生体质健康,值得体育工作者认真研究。

4. 小结

全社会都在关注大学生体质健康状况,我国政府一直都为青少年的健康成长努力创造良好环境,高度重视发展青少年健康体质的工作,通过加强青少年体育锻炼来促进健康发展,也是学校体育工作制定方针政策、实施素质教育和提高教育质量的重要举措,提高青少年健康体质也是提高全民健康素质的基础工程。

从2000年、2005年、2010年三次对大、中、小学生体质健康普查的结果来看,祖国的发展和经济的繁荣使得人民生活水平不断提高,学生身体健康水平也呈现出逐年升高的趋势[21]。但是其中存在的大量影响大学生体质健康发展的不利因素,也值得全社会引起足够重视。早在1990年,国家教育委员会和国家体育运动委员会发布的《学校体育工作条例》中明确规定:"普通高等学校除安排有体育课、劳动课的当天外,每天应当组织学生开展各种课外体育活动。"全身持久性锻炼效果与周运动次数的关系密切,周运动次数越多,运动效果就越好,以增进健康、保持体力为目标的体育锻炼,每周锻炼3~5次为好[174]。

大学生加强体质健康意识,首先需要养成良好的生活方式,加强体育锻炼和技能指导;其次,调整饮食结构,注意营养均衡;再次,体育课程设置的不合理及体育锻炼场所、设施的缺乏也是影响学生体质状况的又一重要原因。近年来高校的扩招导致学生人数不断增多,与之相匹配的学校基础体育场所、设施建设发展严重滞后,政府和学校对体育教育的经费投入得不到满足,导致很多高校的体育场地和设施已不能满足学生锻炼的需要,严重影响了学生体质健康状况。作为校方,应提供充足体育场地设施,强化大学生体质状况的监管,适时改革体育教学内容,加强体质健康的宣传。

3.5 结论

2012年10月,国务院下发《国务院办公厅转发教育部等部门关于进一步加强学校体育工作若干意见的通知》(国办发[2012]53号)(以下简称《通知》),《通知》要求全国普通小学、普通初中、普通高中、中等职业学校和普通高等学校全面实施《标准》,同时在2013年开展覆盖本校全体学生的《标准》测试和数据上报工作。作为此次普查的一部分,通过对四所高校大学生体质健康测试和相关问卷调查,对当前大学生体质健康有了最新的认识,体质下滑的趋势依然没有得到控制,运动少、不运动成为大学生体质健康受到威胁的主要因素。

国家在最近几年里,发布了一系列相关法律文件和指导意见,其目的就是为了给大学生提高体质健康水平创造一个良好的外部环境和政策氛围,最终以达到扭转体质状况逐年下滑的现状,促使健康水平得到改善[28]。大学生体质健康发展,是和国家富强、民族兴旺、社会和谐息息相关的因素。当前大学生表现出来的缺乏锻炼意识、不良的生活习惯、繁重的课业和就业压力,使得他们一直都处于一种亚健康状态,此阶段大学生完全不符合社会对于人才的要求,对于国家未来的发展也是有很多不利因素的。

促进体质健康的方法很多,但是最直接和最有效的途径就是保持高效体力活动、避免久坐[34,43,44]。每周规律地参加大中强度体力活动可以有效提高大学生体质健康水平,并能弥补由于静坐时间较长对健康产生的不利影响[8]。当前很多研究对于体力活动的剂量-效应[175,176]进行了分析,探讨了运动量、强度、频率、持续时间各单因素与健康之间可能存在的剂量-效应关系曲线模型特征,对建立在剂量-效应理论基础上的运动推荐量的发展和应用也作了明确规定。对于运动效果最科学的评价,就是测试运动消耗的能量,这对于合理安排运动内容和频率、制定运动计划起着重要作用。对于能量消耗的测试,方法和手段众多,各有所长,也各有缺陷[177]。如何方便、快捷、准确地测试人体能量消耗,成为了当前研究的主流,鉴于此,本研究下一部分,将就能量消耗的测量进行研究,力求构建适合大学生体力活动评估的能量消耗模型,为相关研究的进行提供参考。

第四章 青少年学生日常体力活动能量消耗预测模型的研究

4.1 引言

现阶段对于体力活动研究得出了大量结果,由于体力活动测量方法不同,使得很多研究成果彼此出入,为合理指导健身锻炼带来一定阻碍。对于体力活动研究目的、研究方法、设备、样本量、研究经费等方面存在差异,这就需要寻找一套可以普遍使用的实验设计,在测量青少年体力活动和能量消耗的同时,能够便捷、准确、客观地反映实验结果。

准确、高效、便捷地监测人体日常体力活动能量消耗情况是运动健康领域一直以来研究的重点和热点。加速度传感器可通过记录身体在空间中位置的改变来反映体力活动状况,客观真实、准确性高、携带便捷,现有很多品牌产品已经广泛应用于科研和生活,对运动训练、健身指导给予了很好的支持作用。相关研究表明,加速度记数(AC)与体力活动能耗(PAEE)有高度相关性[79,113,120]。单轴加速度计 CSA,已经广泛应用于体力活动监测中,很多学者基于 CSA 采集数据,建立了能量消耗预测模型,其中以 Freedson 方程[76]最为经典。为提高 CSA 在能耗预测中的准确性,相关研究以 IC 法和 DLW 法为参考标准,以垂直轴记数 ACz 为自变量,不断对公式进行修正,研发了多个能耗预测方程。

CSA 在西方国家大量应用,针对大样本人群进行体力活动监测,预估能量消耗,取得了良好的效果[83,84,178]。国内也有不少研究人员针对不同人群,采用加速度传感器进行体力活动研究工作[179-181]。刘爱玲(2005)对 CSA 的效度进行了研究,结果显示日均总 ACz 与 DLW 法监测的总能耗(TEE)、体力活动总能耗(PAEE)存在低相关性,研究最后以 ACz 和瘦体重(FFM)作为自变量建立了 TEE 和 PAEE 的能量消耗方程[86]。这些方程适用于对日均总能耗进行预测,在短时间或者特定体力活动项目能耗的计算方面,存在一定局限性,无法大范围进行推广。综上可知,加速度传感器在我国国民体力活动监测的应用方法和结果评估方面还有很多需要进行的工作,能耗模型效度还有待更加全面的实验来进行验证和提高。

青少年正值发育阶段,研究体力活动,尤其针对大学生人群,对运动健身计划的制定、体质健康的促进发挥着关键作用。众多国内外科研机构和组织致力于研究大学生体力活动的监控和评估,得出了不少有价值的结果,同时也发现很多问题和困难。大学生年龄段处于成长发育的定型阶段,各种思维认识和肢体行动从不成熟逐渐过渡到成熟阶段,因此行为方面经常会出现一些零星的、突发的动作,这些普遍和固有的特点使得肢体活动存在大量不确定性,让研究身体活动模式变得非常复杂,因此如何使体力活动动作有据可循,使信息的捕捉和测量变得准确,存在巨大的挑战。精确地测定体力活动水平,有利于研究体力活动对大学生健康的有益作用。当前建立的能量消耗预测模型,主要存在如下几个方面的问题。

(1)当前市面使用的加速度计能耗预测方程,多以国外受试者建立,由于其体格、运动项目、饮食习惯等不同,在国内无法广泛应用。

(2)在运动项目的选择方面,针对走路和跑步的研究居多。因此在能耗模型的构建上,也是基于走/跑类数据为主。此预测模型存在一定局限性,无法准确对其他运动项目进行能耗计算。为提高模型准确性,应该考虑综合多种运动形式,建立不同项目的能耗预测方程,以提高准确度。

(3)建立统一参考标准。不同个人,运动标准不同,运动效果也有所差异,要尽可能规范测试流程,使得结果具有普遍性。对于结果的效度,也要进行反复验证。

为实现以上设计要求,本研究主要解决如下问题:以 IC 法为标准,在监测多种体力活动的基础上建立加速度计能耗预测方程,通过回带检验日常体力活动中验证这些方程效度,筛选最佳的能耗预测方程。我国《全民健身计划纲要》要求始终将"提高全民族的健康素质"作为根本目标,科学监测体力活动水平则是实现此目标的一项重要手段。能耗预测方程的建立,要具备客观性、准确性、科学性、可行性,能够普遍用于不同人群的运动监管之中,尽可能降低局限性,使得更多的人群可以从中受益。国内很多大学和科研机构,对于大学生体力活动进行了长期调查,为后续研究的进行积累了丰富的经验。使用运动传感器对大学生日常体力活动进行监测,计算能量消耗,为科学锻炼计划的制定、日常运动的管理、运动锻炼效果的评价提供客观的理论依据。

本研究旨在提高运动传感器在体力活动监测中的应用价值,并应用运动传感器监测青少年体力活动中的能耗,为科学指导日常健身提供理论依据,对我国青少年健康促进教育的有效开展具有重要意义。

4.2 研究目的

通过大量实验,确定可以代表大学生主要日常体力活动的项目,使用三维加速度传感器仪记录体力活动数据,对比分析不同体力活动项目各自特点和差别。以间接测热法(IC法)为参考标准,以 SenseWear ArmBand 三轴加速度计为主要工具,以心率计等为辅助工具,通过对多种不同体力活动进行实时监测,以此为基础构建能量消耗预测模型,通过回带对其有效性进行检验,筛选最佳的体力活动能耗预测方程,建立准确、便捷、实时的能量消耗计算公式。

4.3 研究对象与方法

4.3.1 研究对象

国内部分学者也针对青少年人群能量消耗进行了小样本研究,袁梅(2011)以90名中学生为对象研究不同体力活动能量消耗情况[182];向剑锋(2011)以60名非体育专业大学生为测试对象构建能量消耗模型[183]。

本研究从800名体质测试大学生中,筛选70名北京体育大学和武汉体育学院18～25岁在校非体育专业大学生为受试对象(本科和研究生),男女比例基本达到1∶1,经过样本评估,该人群具备统计学意义。受试者要求身体发育正常,无生理缺陷或疾病,在测试前一周均无感冒发热等症状,受试者自愿参与本研究,测试开始前签署《知情同意书》。在测试前一天,将测试流程及细节告知受试者,要求受试者合理饮食,限制食用辛辣和刺激性食物。受试者实验前一周无高强度剧烈活动,测试前两小时之内不可进食。受试者基本情况如表4-1所示。

表 4-1 受试大学生基本情况统计

指标	测试组		回带组	
	男性(25)	女性(25)	男性(10)	女性(10)
年龄(Y)	23±2.7	22±3.5	24±3.2	21±4.7
身高(cm)	177±15.4	167±10.3	175±5.2	166±3.7
体重(kg)	58±7.3	51±6.4	56±3.3	50±4.1
BMI	22±3.1	20±3.7	23±1.7	20±2.1

4.3.2 研究方法

1. 仪器测试

本实验常用标准大学生体质测试仪,对身高和体重进行准确测试,要求精度达到 1cm 和 0.01kg。使用 Inbody 3.0 体成分分析仪,对受试者体成分进行测试。

使用美国产 SWA 三轴加速度传感器对受试者的体力活动进行全程监测。在对受试者进行基本信息记录时,要求说明优势手,实验中统一将 SWA 用弹力绑带固定在优势手大臂处。通过 SenseWear Professional 7.0 软件对 SWA 进行参数设置,主要录入受试者基本信息,如姓名、年龄、身高、体重、吸烟史等。SWA 可根据电脑自动同步时间,可按动仪器表面按键,对不同项目起始和终结时间进行记录。在软件中设定采样时间,三维加速度实时值取样频率为 0.1s,三维加速度峰值和平均绝对差(MAD)值取样频率为 6s,肌表温度和肌电、步数值取样频率为 60s。

以芬兰产的 T31 型 polar 表监测受试者心率 HR,采用 MetaMax 3B 便携式气体代谢能耗分析仪实时监测受试者的体力活动能耗并作为参考标准。MetaMax 3B 气体代谢能耗分析仪可即时监测受试者每一口气的通气量及其中的 O_2 和 CO_2 等数据以计算能耗,并同步接收 polar 表传送的 HR 数据,是最精确的能耗间接监测仪器之一,常在体力活动能耗监测中被作为"金标准"。每日测试前先开启气体分析仪预热 10min,同时必须使用标准气体进行矫正,包括大气压、空气成分等,之后方可用于当日正式测试。

校正好仪器后,让受试者穿戴,测试人员在受试者佩戴 MetaMax 3B 后需进行预测试,检测仪器工作是否正常、面罩是否存在漏气现象、心率接收是否同步等,然后才可进行后期实验。在佩戴好SWA后(图4-1),传感器会自行记录数据,在测试项目开始和结束时,测试人员需按动仪器表按钮进行打点控制,以便后期数据处理时准确查找。

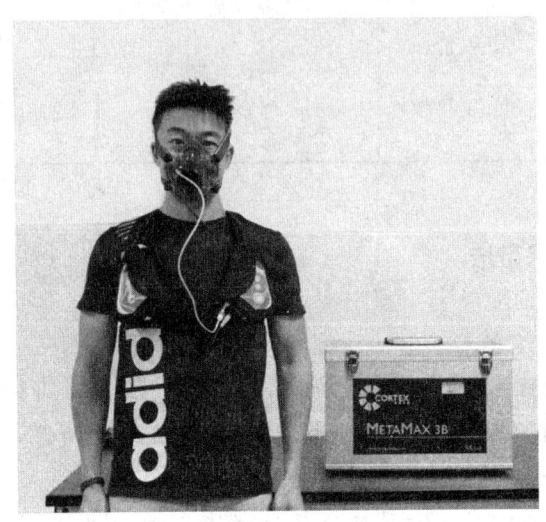

图4-1 佩戴Meta Max 3B示意图

2. 测试项目

通过查阅大量相关文献,以及日常观察和询问,将测试项目确定为平躺、步行、跑步、伏案、爬楼梯、骑自行车、俯卧撑共计七项。预实验结果表明,上述七项体力活动类型可基本反映大学生日常体力活动的主要方面,不同体力活动方式之间有明显的区别,能量消耗差别也很显著,能够作为本实验的测试项目进行深入研究。

佩戴好便携式气体分析仪MetaMax 3B和SWA,测试项目要求如下。

(1)平躺:实验室地面放置一块瑜伽垫,受试者平躺上面,双腿伸直,双手平放身体两侧,呼吸均匀。

(2)步行:跑台进行,根据国内外常用标准[184],以3.2km/h、4.8km/h(分别代表慢走和快走)分别进行400米步行,为使实验更加贴近中国人群情况,通过预实验结果,增加速度4.0km/h和5.2km/h,要求步频均匀,手臂前后自然摆动,结束后休息5min恢复至安静心率[185]。

(3)跑步:跑台进行,根据国内外常用标准,以 8.1km/h(代表正常跑速)进行 800 米跑步,根据预实验,新增跑步速度 6.4km/h、7.0km/h 和 9.0km/h,要求步频均匀,手臂握拳弯曲同时前后自然摆动,结束后休息 5min 恢复至安静心率[112,186,187]。

(4)伏案:日常使用办公座椅一套,要求受试者坐姿正确,上身直立,双手自然放置于桌面,伏案进行电脑操作或者看书[188,189]。

(5)爬楼梯:以 16~18cm 高楼梯台阶为标准,上楼、下楼速度 100~120 步/分钟和全力冲刺,步频均匀,手臂于身体两侧下垂同时前后自然摆动[190-192]。测试时以节拍器控制步频,节拍每响一次受试者上/下一级台阶。测试之前,受试者需要在测试人员带领下熟悉节奏和速度,正式测试中受试者以自然步态匀速运动,速度稍慢或稍快时根据节拍和标记物调整速度。测试人员需要对测试全程进行控制,提醒受试者,使其速度始终与实验要求保持一致。如果多次提示后受试者仍无法按要求进行测试,则终止此项测试并将该次测试的数据记为无效数据。

(6)自行车:实验室功率自行车,通过设定程序,分别要求受试者以 10km/h、13km/h、15km/h 和 20km/h 四个速度(转速分别为 39 l/min、52 l/min、60 l/min、80 l/min)骑行 3 分钟,四个速度连续进行。功率设定公式,摩擦系数 $f_u=0.02$,人体重量 $m(kg)$,骑行速度 $V(km/h)$,即时功率 $P=m\times f_u\times V\times 9.8\times 1000/3600=m\times V\times 0.054$。由于每个受试者体重不同,因此在测试之前,由测试人员对功率进行计算后输入计算机控制自行车功率。骑行结束后休息 5min 恢复至安静心率[193,194]。

(7)俯卧撑:在实验室瑜伽垫或者地垫上进行。动作要求:直背,双腿伸直,手分开撑放置于俯卧撑垫指定位置,然后身体下降至背部与肩部和大臂平行,而腹部不能触碰到垫子。一组 5 个,做 3 组[188,195]。

3. 测试环境

本次实验,北京地区在国家体育总局运动医学研究所运动营养中心实验室进行,武汉地区在武汉体育学院人体运动机能实验室进行。实验室温度控制在 $18\sim25℃$,湿度控制在 $50\%\sim80\%$。实验室使用中央空调,以尽量减少气体流动。实验期间,控制无关人员进出实验室,以减少对实验过程的干扰。

4. 测试流程

测试时间统一安排在 8:00～11:30am 和 13:00～17:30pm。测试人员需提前半小时到场调试仪器、检查设备、发放采集卡。受试者要求身着轻便运动服参加测试。首先进行身高、体重和体成分测量;随后登记个人信息,由测试人员将相关信息录入测试仪器;最后受试者佩戴 MetaMax 3B 便携式气体代谢能耗分析仪和 SWA,开始正式测试。

正式测试期间,实验项目按照如下顺序进行:平躺、走路、跑步、伏案、自行车、爬楼梯和俯卧撑。测试项目之间要求受试者充分休息,以心率 HR 恢复到不高于安静心率的 10% 为宜[196-198]。受试者休息期间,测试人员如有必要需对仪器进行校正,以保证测试结果的准确性。

5. 数据分析

在设备校正时,将 MetaMax 3B 采样频率设定为每 15s 记录一次能量消耗以及相关数据。SWA 测得的原始数据设定原则如下:在软件中设定采样时间,三维加速度实时值取样频率为 8Hz(每 0.125s 记录一个数据),三维加速度峰值和 MAD 值取样时间间隔为 6s,肌表温度和肌电、步数值取样时间间隔为 60s。在最后分析时,将两仪器数据一一对应。

导出 SWA 数据,选取 Forward accel - point、Transverse accel - point 和 Longitudinal accel - point 数据值,依据 MetaMax 3B 对于不同测试动作记录的时间,对应选取 SWA 数据区间,以 18s 为采集数据量标准,用 EXCEL 表格制作曲线图,分析体力活动特征。

设备调校,MetaMax 3B 采样频率设定为每 15s,记录指标主要为能量消耗、心率、METs 等,辅助指标有蛋白质、碳水化合物等。

SWA 测得的原始数据设定原则如下:软件设定采样时间,三维加速度实时值取样频率为 8Hz(每 0.125s 记录一个数据),三维加速度峰值和平均绝对差(MAD)值取样时间间隔为 6s,肌表温度和肌电、步数值取样时间间隔为 60s。在最后分析时,将两仪器数据一一对应。

采用 STATA 12.0 统计软件对数据进行分析,构建能量消耗模型。

4.4 体力活动特征研究结果

4.4.1 原始数据分析

通过 SWA 软件的设计,可记录受试人员多种空间运动加速度数据和身体数据,并且可以通过解码器导入 EXCEL 表格供专业分析之用。将 SWA 数据使用软件导入 EXCEL 表格,可见如下数据形式(表 4-2)。

表 4-2 SWA 原始数据形式

Time (GMT+08:00)	Forward accel - point	Transverse accel - point	Longitudinal accel - point	Skin temp - average	Near-body temp - average	Step Counter	GSR - average	Lying down
2013-09-16 18:51:59.250	-0.083	-0.1431	0.9812					
2013-09-16 18:51:59.375	-0.083	-0.1381	0.9884					
2013-09-16 18:51:59.500	-0.083	-0.1457	0.9836					
2013-09-16 18:51:59.625	-0.083	-0.1431	0.9788					
2013-09-16 18:51:59.750	-0.0806	-0.1457	0.9788					
2013-09-16 18:51:59.875	-0.083	-0.1482	0.9788					
2013-09-16 18:52:00.000	-0.083	-0.1457	0.9836	30.9459	29.2306	0	0.3959	0
2013-09-16 18:52:00.125	-0.0879	-0.1406	0.9764					
2013-09-16 18:52:00.250	-0.0904	-0.1457	0.9788					
2013-09-16 18:52:00.375	-0.0904	-0.1457	0.9788					
2013-09-16 18:52:00.500	-0.0953	-0.1457	0.9764					
2013-09-16 18:52:00.625	-0.0904	-0.1482	0.9764					
2013-09-16 18:52:00.750	-0.0977	-0.1533	0.9741					
2013-09-16 18:52:00.875	-0.0928	-0.1457	0.9788					
2013-09-16 18:52:01.000	-0.0904	-0.1482	0.9764					
2013-09-16 18:52:01.125	-0.0904	-0.1457	0.9812					
2013-09-16 18:52:01.250	-0.0928	-0.1482	0.9836					
2013-09-16 18:52:01.375	-0.0879	-0.1406	0.9884					
2013-09-16 18:52:01.500	-0.0855	-0.1431	0.9836					
2013-09-16 18:52:01.625	-0.0855	-0.1431	0.9788					
2013-09-16 18:52:01.750	-0.0904	-0.1457	0.9812					
2013-09-16 18:52:01.875	-0.0855	-0.1507	0.9812					
2013-09-16 18:52:02.000	-0.0806	-0.1406	0.9836					
2013-09-16 18:52:02.125	-0.0855	-0.1482	0.9788					
2013-09-16 18:52:02.250	-0.0806	-0.1482	0.9788					

SWA 导出数据非常丰富,主要可分为如下几个部分(表 4-3)。

表 4-3 SWA 测试数据分类

指标	名 称		
三维加速度	Transverse accel-peaks	Forward accel-peaks	Longitudinal accel-peaks
	Transverse accel-point	Forward accel-point	Longitudinal accel-point
	Transverse accel-average	Forward accel-average	Longitudinal accel-average
	Transverse accel-MAD	Forward accel-MAD	Longitudinal accel-MAD
温度	Skin temp-average	Near-body temp-average	
步数	Step Counter		
皮肤电	GSR-average		
平躺	Lying down		
睡眠	Sleep		
体力活动	Physical Activity		
能量消耗	Energy expenditure		
运动强度	Sedentary、Moderate、Vigorous、Very Vigorous		
梅脱值	METS		

数据构成主要以三维加速度为主,可测量冠状轴(x轴,前后方向,Forward accel)、矢状轴(y轴,左右方向,Transverse accel)和垂直轴(z轴,上下方向,Longitudinal accel)的加速度。在计数方面,可以对实时值(piont)、平均值(average)、峰值(peaks)和平均绝对差值(MAD)进行记录。除了三维加速度数据,仪器还可以通过传感器对其他方面进行记录,如温度(皮肤温度和人体周边环境温度)、步数、皮肤电,对平躺姿态也可以进行识别和监控。通过内部软件,对相关数据进行计算,可以得出能量消耗、运动强度以及梅脱值等结论。从SWA接触人体开始,仪器便记录数据,不同运动之间,可以通过按压仪器表面按钮进行打点标记,方便后期数据分析。

相关研究表明[120,154,199,200],SWA在计算能量消耗方面存在一定误差,尤其是伏案、自行车等静力性体力活动以及爆发性高强度活动方面,误差较大。

4.4.2 测试项目加速度图像特征

SWA记录了四种三维加速度值,根据大量预实验得出结论,只有实时值(point)可以连续反映不同动作空间加速度变化情况,以此作为数据源绘制曲线进行分析。

1. 平躺

平躺三维加速度值趋势如图4-2所示。

平躺动作,将三维加速度值通过EXCEL绘制图像,整体呈现出平滑曲线趋势。冠状轴和矢状轴加速度都是反向值,取值范围为-0.8~-0.6,垂直轴为正向加速度,范围为0~0.2。整体波动不大,也体现出平躺静止的肢体状态。

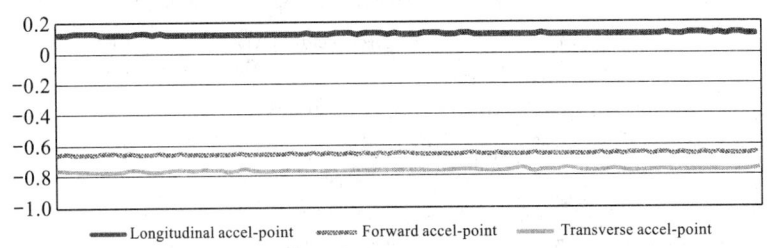

图4-2 平躺三维加速度值趋势图

2. 伏案

伏案三维加速度值趋势如图4-3所示。

伏案三维加速度数据趋势和平躺类似,过程波动不大,只是在取值方面,冠状轴为-0.8~-0.5,矢状轴为-0.5~0,垂直轴为0.5~1.0。虽然伏案也是静止类体力活动,但是三轴在取值方面较平躺有所不同,伏案时冠状轴反向加速度值要大于矢状轴,SWA对此做出了很好的甄别。

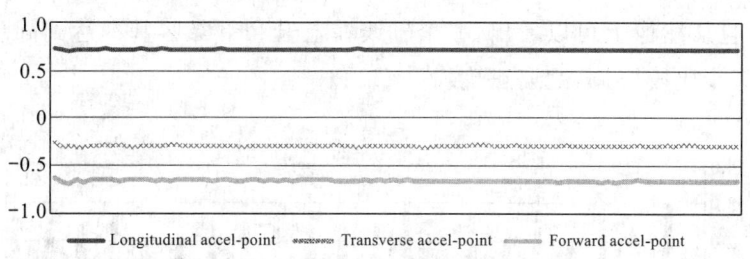

图4-3 伏案三维加速度值趋势图

3. 步行

步行三维加速度值趋势如图4-4所示。

步行波形图像整体呈现锯齿状分布,三轴有明显的波峰与波谷,三轴无交汇区域,各轴波动有规则频率。垂直轴和冠状轴为正向加速度,矢状轴为反向加速度,垂直轴范围为0.5~1.5,冠状轴为0.0~0.5,矢状轴为-0.5~0.0。

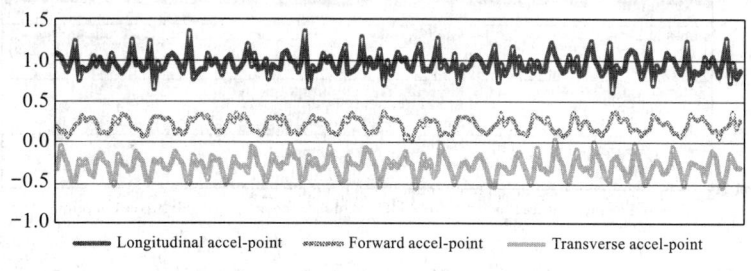

图4-4 步行三维加速度值趋势图

4. 跑步

跑步三维加速度值趋势如图4-5所示。

跑步波形图三轴明显有重合,各个轴线波幅明显增大,垂直轴达到0.0~3.0,冠状轴为0.0~1.0,矢状轴为-0.5~1.0,矢状轴同时具备正向和反向加速度。三轴的波峰明显都处于正值,其代表的三维加速度正向峰值都达到或超过了1.0,这与跑步动作身体向上腾跃有关,尤其是垂直轴,加速度差值可以达到3.0,与走路动作差别显著。三个轴向加速度值在0.0~1.0之间重合,而且从图像上可以看出,三个轴线在上升和下降区基本达到同步,说明摆臂与跨步比较协调,跑姿正确。

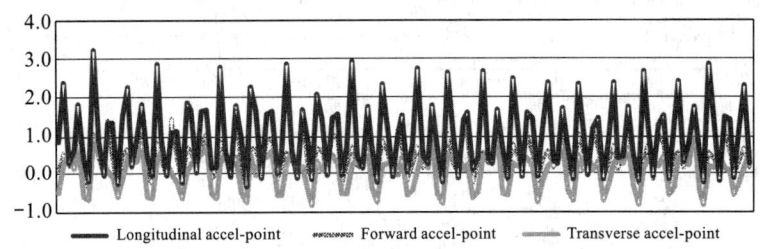

图4-5 跑步三维加速度值趋势图

5. 自行车

自行车三维加速度值趋势如图4-6所示。

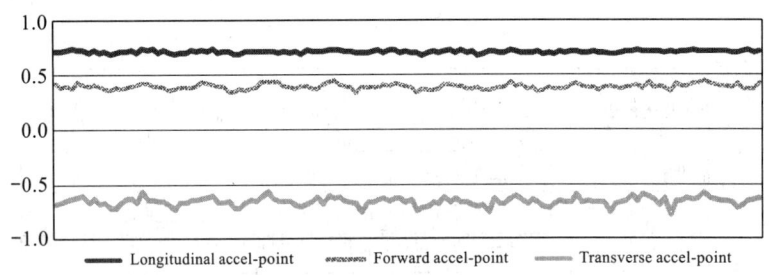

图4-6 自行车三维加速度值趋势图

由于 SWA 佩戴位置在上臂,因此自行车测试项目中,三轴变化趋势不明显。垂直轴和冠状轴基本处于直线,与平躺和伏案类似,只是在取值方面,垂直轴和冠状轴为正向加速度,垂直轴为 0.6～0.8,冠状轴围绕 0.4 小幅波动。唯一与平躺和伏案有区别的就是矢状轴,为反向加速度,取值为-0.8～-0.6,而且伴有明显的波动频率。反观骑行动作,身体会伴随脚蹬踏板有规律地向身体两侧倾斜以维持重心平衡[193,201],加速度仪很清晰地记录了这个姿态变化。

6. 爬楼梯

爬楼梯三维加速度值趋势如图 4-7 所示。

爬楼梯测试与其他几个体力活动项目最大不同就是矢状轴,反向加速度取值范围为-1.5～0.0,振幅明显增大。三个轴波动频率统一,并且间隔一段时间有个小的平滑过渡期,这是两段楼梯之间的连接平台处,正好是步行姿态,与步行的三维加速度曲线吻合。

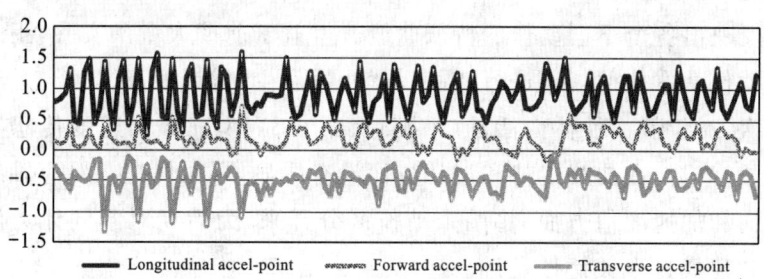

图 4-7 爬楼梯三维加速度值趋势图

7. 俯卧撑

俯卧撑三维加速度值趋势如图 4-8 所示。

俯卧撑在测试时,要求受试者每做完一个后保持静止状态 3s,三维加速度值表现出规律性波动,平台期正是静止状态,波动区域为一个俯卧撑全过程。三轴只有矢状轴为反向加速度,数值为-1.5～-0.5,垂直轴和冠状轴都为正向加速度,分别为 0.5～1.0、0.0～0.5。

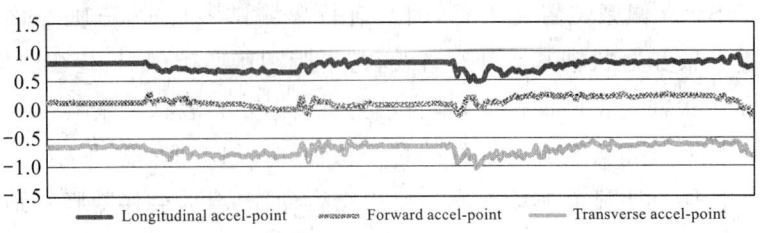

图 4-8 俯卧撑三维加速度值趋势图

4.4.3 分析与讨论

在众多反映体力活动的项目中,通过调查与预实验,确定了平躺、伏案、步行、跑步、爬楼梯、自行车、俯卧撑为代表的七项运动为大学生主要的日常体力活动,以此为研究重点对 SWA 三维加速度传感器仪捕捉空间运动加速度值的构象与区别进行分析。

首先,通过使用三维加速度即时值(pints),以 18s 为计数标准,可以绘制出明显反映出各个不同动作的特征曲线。得益于前期大量预实验,正式测试时各个动作基本按照规范进行,频率均匀,噪点少,辨识度高。

其次,对于静力性体力活动(平躺、伏案),SWA 三维加速度传感器仪也能够给予辨识。在曲线走势和波动方面没有明显差异,但是在对应轴线的加速度方向和加速度值方面,将两个动作区分开来,为后期对不同体力活动进行分类和建模打下关键性基础。

最后,对于运动性体力活动(步行、跑步、自行车、爬楼梯和俯卧撑),从 SAW 对三维加速度值的记录来看,区分显著,不论轴线方向、频率,还是波峰波谷,彼此差异都很大。对于自行车项目,虽然 SAW 绑在上臂,无法测试腿部运动,但从结果来看,仪器对于肢体的整体规律摆动进行了比较准确的记录,可与静力性运动区分开来。

三维加速度准确记录数据,是后期构建能量模型的重要基础。从以上数据分析来看,SWA 在捕捉人体空间运动方面比较精确,可导出多项指标数据量,参数设置方面可以根据需要进行多种调整,对建立计算准确、高效、功能性强的能量预测模型具有重要意义。

4.5 体力活动能量消耗模型的构建与分析

4.5.1 软件设置

本次模型采用的是 STATA 12.0 版本,在处理多层次模型时,STATA 较 SPSS 有更便捷、操作更快速的优越性,因此放弃了传统的 SPSS 统计软件做能量消耗模型预测。

STATA 12.0 用户界面如图 4-9 所示。

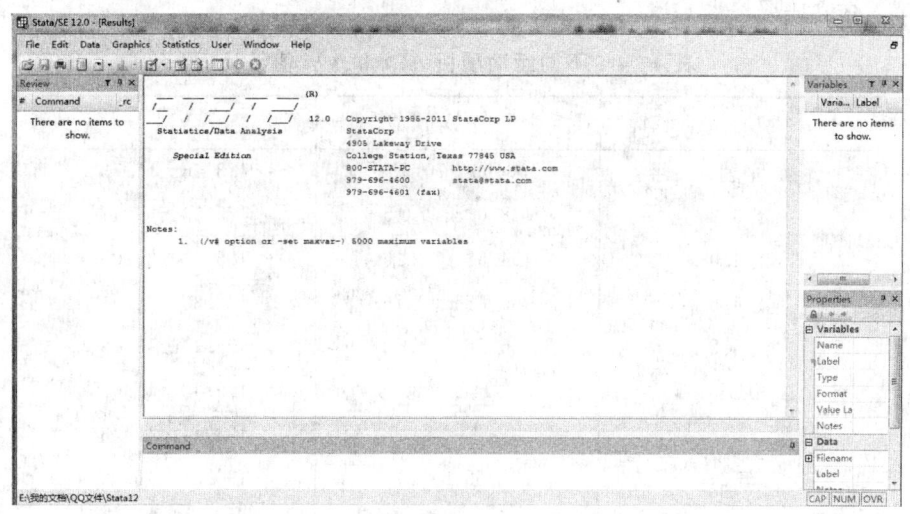

图 4-9　STATA 12.0 用户界面

依照每分钟一一对应的原则录入 SWA 和 MetaMax 3B 的测试数据,当某一分钟 MetaMax 3B 数据缺失时,删除对应时刻的加速度计数据,从而保证加速度计数据与 MetaMax 3B 数据在时间上完全对应。

采用独立样本 T 检验比较项目内不同速度以及不同项目间的差异,采用配对 T 检验比较 SWA 的能耗预测值与 IC 法测试值之间的差异,采用 Pearson 相关分析法分析 SWA 数据与 MetaMax 3B 数据之间的相关性。

采用逐步回归法建立体力活动能耗预测方程。统计分析中将显著性水平定义为 $p<0.05$,高度显著性水平定义为 $p<0.01$。

4.5.2 数据预分析

通过预实验,对数据进行检验,确定分析方法。共计10名受试者参与预实验,4女6男,实验项目严格按照4.3.2中测试项目的要求进行。通过对三个维度加速度进行监测,并将三个轴的加速度记数综合为VM,其计算方法为:$VM=(ACx^2+ACy^2+ACz^2)^{1/2}$。在相关研究中,纵轴加速度ACz值及三维合成加速度VM值对于区分不同运动有显著性效果[80,154],表4-4显示了不同运动项目中,10个人运动的加速度值情况。

该统计分析表明,在每一个项目中,每分钟的平均ACz值和VM值有95%会落在该区间内。

表4-4 不同运动项目ACz和VM值统计

项目	ACz	VM
平躺	96.90±70.25	483.46±16.73
走3.2	448.00±47.05	472.00±58.14
走4.0	454.53±53.16	485.52±62.05
走4.8	460.88±33.76	492.39±11.51
走5.2	456.26±35.52	492.41±12.79
伏案	323.14±193.06	489.42±11.09
车1	275.13±85.1	493.11±16.43
车2	277.68±98.73	490.56±46.62
车3	284.33±85.35	490.28±56.47
车4	331.03±110.14	493.32±18.01
跑6.4	477.30±52.27	494.00±68.823
跑7.0	490.66±33.41	634.84±61.32
跑8.1	501.21±73.93	668.97±105.28
跑9.0	511.62±56.27	682.81±128.12
俯卧撑	414.42±119.24	479.84±42.60
楼梯1	476.64±145.31	464.82±173.44
楼梯2	444.66±129.95	494.80±114.33
楼梯3	542.33±183.74	569.52±158.36

从数据直观来看,不同速度之间的同一运动,内部数值差异并不大,为了验证这一假设,采用方差分析法,分析不同速度间的 ACz 值和 VM 值是否有差异。

4.5.2.1 项目内不同速度三维加速度值差异方差分析

1. 自行车不同速度加速度值方差分析

根据实验设计,自行车在测试过程中有四个不同速度取值,将测试的四个自行车速度对应的 ACz 值和 VM 值进行统计分析,以考察自行车项目不同速度之间三维加速度是否存在统计学差异。

命令:anova ACz type(对不同速度的 ACz 值做方差分析)

Number of obs = 40   R-squared = 0.2033
Root MSE = 48.6636   Adj R-squared = 0.1037

Source	Partial SS	df	MS	F	Prob > F
Model	14500.6376	3	4833.54588	2.04	0.1349
type	14500.6376	3	4833.54588	2.04	0.1349
Residual	56835.547	24	2368.14779		
Total	71336.1846	27	2642.08091		

模型的原假设为不同速度之间不存在差异,经方差分析后的 F 检验,p 值为 0.134 9,大于 0.05,因此不能拒绝原假设,即"不同速度 ACz 值之间不存在显著性差异"这一假设是成立的。

命令:anova VM type(对不同速度的 VM 值做方差分析)

Number of obs = 40   R-squared = 0.0492
Root MSE = 6.65191   Adj R-squared = 0.0696

Source	Partial SS	df	MS	F	Prob > F
Model	54.9876013	3	18.3292004	0.41	0.7443
type	54.9876013	3	18.3292004	0.41	0.7443

```
        Residual |   1061.95118         24    44.2479657
        ─────────+──────────────────────────────────────
           Total |   1116.93878         27    41.3681029
```

模型的原假设为不同速度之间不存在差异,经方差分析后的 F 检验,p 值为 0.744 3,大于 0.05,因此不能拒绝原假设,即"不同速度 VM 值之间不存在差异"这一假设是成立的。

数据显示:骑自行车这一运动,在不同速度之间,ACz 值和 VM 值并不存在显著性的差异,二者之间的差异很小,因此在后续更大样本的检测中,我们可以选择某一中间速度来代替测量所有速度。

2. 跑步不同速度加速度值方差分析

根据实验设计,跑步在测试过程中有四个不同速度取值,将研究对象测试的四个跑步速度对应的 ACz 值和 VM 值进行统计分析,以考察跑步项目不同速度之间三维加速度是否存在统计学差异。

命令:anova ACz type (对不同速度的 ACz 值做方差分析)

```
Number of obs＝40              R-squared＝0.0914
Root MSE＝29.4884              Adj R-squared＝0.0600

       Source |  Partial SS     df       MS            F       Prob> F
       ───────+──────────────────────────────────────────────────────
        Model|  1049.97459      2    524.987295      0.60      0.5626
         type|  1049.97459      2    524.987295      0.60      0.5626
     Residual |  10434.7966     12    869.566386
       ───────+──────────────────────────────────────────────────────
        Total |  11484.7712     14    820.340801
```

模型的原假设为不同速度之间不存在差异,经方差分析后的 F 检验,p 值为 0.562 6,大于 0.05,因此不能拒绝原假设,即"不同速度之间 ACz 值不存在显著的差异"这一假设是成立的。

命令：anova VM type(对不同速度的 VM 值做方差分析)

Number of obs＝40　　　　　　R-squared＝0.1552
Root MSE＝52.8555　　　　　　Adj R-squared＝0.0144

Source	Partial SS	df	MS	F	Prob> F
Model	6158.7902	2	3079.3951	1.10	0.3635
type	6158.7902	2	3079.3951	1.10	0.3635
Residual	33524.4144	12	2793.7012		
Total	39683.2046	14	2834.51461		

模型的原假设为不同速度之间不存在差异，经方差分析后的 F 检验，p 值为 0.363 5，大于 0.05，因此不能拒绝原假设，即"不同速度之间 VM 值不存在显著的差异"这一假设是成立的。

数据显示：跑步这一运动，在不同速度之间，ACz 值和 VM 值并不存在显著性的差异，二者之间的差异很小，因此在后续更大样本检测中，我们可以选择某一中间速度来代替测量所有速度。

3.步行不同速度加速度值方差分析

根据实验设计，步行在测试过程中有四个不同速度取值，将研究对象测试的四个步行速度对应的 ACz 值和 VM 值进行统计分析，以考察步行项目不同速度之间三维加速度是否存在统计学差异。

命令：anova ACz type (对不同速度的 ACz 值做方差分析)

Number of obs＝40　　　　　　R-squared＝0.0006
Root MSE＝17.1047　　　　　　Adj R-squared＝0.1244

Source	Partial SS	df	MS	F	Prob> F
Model	1.29339096	1	1.29339096	0.00	0.9486
type	1.29339096	1	1.29339096	0.00	0.9486
Residual	2340.56202	8	292.570253		
Total	2341.85541	9	260.206157		

模型的原假设为不同速度之间不存在差异,经方差分析后的 F 检验,p 值为 0.948 6,大于 0.05,因此不能拒绝原假设,即"不同速度之间 ACz 值不存在显著的差异"这一假设是成立的。

命令:anova VM type(对不同速度的 VM 值做方差分析)

Number of obs＝40　　　　　　R-squared＝0.0041
Root MSE＝6.40092　　　　　　Adj R-squared＝0.1204

Source	Partial SS	df	MS	F	Prob> F
Model	1.34255776	1	1.34255776	0.03	0.8609
type	1.34255776	1	1.34255776	0.03	0.8609
Residual	327.773837	8	40.9717297		
Total	329.116395	9	36.5684883		

模型的原假设为不同速度之间不存在差异,经方差分析后的 F 检验,p 值为 0.860 9,大于 0.05,因此不能拒绝原假设,即"不同速度之间 VM 值不存在显著的差异"这一假设是成立的。

4. 楼梯不同速度加速度值方差分析

根据实验设计,爬楼梯在测试过程中有三个不同速度取值,将研究对象测试的三个跑步速度对应的 ACz 值和 VM 值进行统计分析,以考察爬楼梯项目不同速度之间三维加速度是否存在统计学差异。

命令:anova ACz type(对不同速度的 ACz 值做方差分析)

Number of obs＝30　　　　　　R-squared＝0.1232
Root MSE＝38.5462　　　　　　Adj R-squared＝0.0103

Source	Partial SS	df	MS	F	Prob> F
Model	4712.3574	2	2107.4792	1.07	0.3124
type	4712.3574	2	2107.4792	1.07	0.3124

```
     Residual |   27514.1862       12    2143.0816
    -----------+------------------------------------
        Total |   29417.0718       14    2257.412753
```

模型的原假设为不同速度之间不存在差异,经方差分析后的 F 检验,p 值为 0.312 4,大于 0.05,因此不能拒绝原假设,即"不同速度之间 ACz 值不存在显著的差异"这一假设是成立的。

命令:anova VM type(对不同速度的 VM 值做方差分析)

```
Number of obs = 30              R-squared = 0.0927
Root MSE = 27.4365              Adj R-squared = 0.0213

   Source |  Partial SS    df      MS         F       Prob> F
   --------+------------------------------------------------------
   Model|   1753.24962    2    713.400135    0.47      0.4207
    type|   1753.24962    2    713.400135    0.47      0.4207
   Residual |  11513.4816   12    881.344187
   --------+------------------------------------------------------
     Total |  10927.1137   14    862.414134
```

模型的原假设为不同速度之间不存在差异,经方差分析后的 F 检验,p 值为 0.420 7,大于 0.05,因此不能拒绝原假设,即"不同速度之间 VM 值不存在显著的差异"这一假设是成立的。

数据显示:爬楼梯这一运动,不同速度之间,ACz 值和 VM 值并不存在显著性差异,二者之间的差异很小,因此在后续更大样本的检测中,我们可以选择某一中间速度来代替测量所有速度。

5. 小结

(1)根据实验设计,自行车、跑步、步行和爬楼梯这四项运动中,每个项目有四种不同速度。统计分析可知,同一项目不同速度,其三维加速度值之间并不存在显著性的差异。因此,在扩大样本进行建模分析时,我们将采用每个动作项目的其中一个速度(自行车第三个速度 15km/h,跑步 7.0km/h,步行 4.8km/h,楼梯 120 步/min),作为代表该项目的特征性加速度值来进行数据建模。

(2)通过统计分析,同一项目的不同速度之间三维加速度值不存在明显差异,下一步将对不同项目之间的三维加速度值是否存在统计学上的差异进行分析。

4.5.2.2 不同项目间三维加速度值差异方差分析

1. 不同测试项目加速度值方差分析

比较自行车第三个速度 15km/h、跑步 7.0km/h、步行 4.8km/h、楼梯 120 步/min、平躺、伏案、俯卧撑之间的加速度差异,做方差分析。

命令:anova ACz type (对不同速度的 ACz 值做方差分析)

Number of obs = 20   R-squared = 0.9238
Root MSE = 29.1239   Adj R-squared = 0.9136

Source	Partial SS	df	MS	F	Prob> F
Model	154237.038	2	77118.5189	90.92	0.0000
type	154237.038	2	77118.5189	90.92	0.0000
Residual	12723.0236	15	848.20157		
Total	166960.061	17	9821.18008		

模型的原假设为不同项目之间不存在差异,经方差分析后的 F 检验,p 值为 0.000,小于 0.05,因此拒绝原假设,即不同速度之间 ACz 值是存在显著性差异的。

命令:anova VM type(对不同速度的 VM 值做方差分析)

Number of obs = 20   R-squared = 0.9363
Root MSE = 19.126   Adj R-squared = 0.9279

Source	Partial SS	df	MS	F	Prob> F
Model	80718.6669	2	40359.3335	110.33	0.0000

```
  type |   80718.6669    2    40359.3335    110.33    0.0000
Residual |   5487.05359   15    365.803573
---------+----------------------------------
   Total |   86205.7205   17    5070.92474
```

模型的原假设为不同项目之间不存在差异,经方差分析后的 F 检验,p 值为 0.000,小于 0.05,因此拒绝原假设,即不同速度之间 VM 值是存在显著性差异的。

2. 小结

结果可以看出,不同项目之间,垂直加速度值 ACz 和综合加速度值 VM 存在显著性差异,自行车、跑步、步行、爬楼梯、平躺、伏案、俯卧撑可通过三维加速度值彼此区分开来。

4.5.3 线性模型建模

4.5.3.1 变量相关性分析

接下来初步探索测试中的变量关系,采用 person 相关性分析。

命令:pwcorr wmin bmi aczmin vmmin,sig(计算出能量消耗、BMI 值、ACz 值及 VM 值关系,并显示显著性)

```
         |   wmin      bmi      aczmin    vmmin
---------+----------------------------------------
   wmin  |  1.0000
    bmi  |  0.2979    1.0000                         (相关系数)
         |  0.0110                                   (对应的显著性)
 aczmin  |  0.5928   -0.0526    1.0000               (相关系数)
         |  0.0000    0.6608                         (对应的显著性)
  vmmin  |  0.7601    0.0966    0.6130    1.0000
         |  0.0000   20.4194    0.0000
```

数据显示,经过两两关系组合可看出,BMI 值、ACz 值、VM 值与能耗 W

之间的相关系数分别为 0.2979、0.5928、0.7601，其显著性对应值为 0.011、0.000、0.000，均小于 0.05。由此看来，这三个变量同能量消耗值 W 是显著相关的，在拟合能量消耗模型中可带入此三个特征变量来预测能量消耗。

4.5.3.2 综合能量消耗模型

1. 综合能量消耗模型的构建

分别以 ACz 轴和 VM 轴为基础，构建综合能量消耗预测公式。

表 4-5 中的嵌套模型分析可见，在基础方程 $W/min = \beta0 + \beta1 * ACz$ 模型中，逐渐加入性别、个体特征 BMI 值及心率的变量之后，模型的解释力度明显增强。当所有变量都加入方程后，其 R^2 值高达 0.7，较其他三个明显增高，说明此模型具有非常强的解释性。

表 4-5 能量消耗嵌套模型（以 ACz 为基础）

变量名称	模型1 能耗（W/min）	模型2 能耗（W/min）	模型3 能耗（W/min）	模型4 能耗（W/min）
纵轴加速度 （ACz/min 值）	0.0119705*** (0.000)	0.012139*** (0.000)	0.0120559*** (0.000)	0.004357*** (0.000)
性别 参照组=女生		1.284562*** (0.000)	1.093093*** (0.000)	1.097599*** (0.000)
个体特征变量 BMI 值			0.1301047** (0.029)	0.2270181*** (0.000)
心率 HR/min				0.057226*** (0.000)
常数项	0.2709321 (0.479)	−0.4833612 (0.223)	−3.091469** (0.014)	−9.125288*** (0.000)
观测值（N）	203	203	203	203
R^2	0.4031*** (0.0000)	0.4648*** (0.0000)	0.4775*** (0.0000)	0.7010*** (0.0000)

注：显著性水平：*** $p<0.01$，** $p<0.05$，* $p<0.1$，− $p<0.15$

以 ACz 轴为基础的综合能量消耗方程式为：

$$W/min = -9.125288 + 0.004357 * ACz + 1.097599 * 性别 + 0.2270181 * BMI + 0.057226 * HR$$

（男性＝1，女性＝0）

从表 4-6 可以看出，用 VM 值来衡量每分钟的平均能量消耗，其特点与用 ACz 值来表示相同，变量越多模型解释性越好。从结果来看，VM 模型具有较高的解释力度，即在加入了个体特征和心率水平之后，模型得到很好的诠释。

以 VM 轴为基础的综合能量消耗方程式为：

$$W/min = -12.27049 + 0.0088157 * VM + 0.9537111 * 性别 + 0.2318533 * BMI + 0.0586115 * HR$$

（男性＝1，女性＝0）

表 4-6 能量消耗嵌套模型（以 VM 为基础）

变量名称	模型1 能耗(W/min)	模型2 能耗(W/min)	模型3 能耗(W/min)	模型4 能耗(W/min)
三轴加速度 (VM/min 值)	0.02274*** (0.000)	0.0222229*** (0.000)	0.0221024*** (0.000)	0.0088157*** (0.000)
性别 参照组＝女生		0.9147417*** (0.001)	0.710718** (0.016)	0.9537111*** (0.000)
个体特征变量 BMI 值			0.1401573** (0.024)	0.2318533*** (0.000)
心率 HR/min				0.0586115*** (0.000)
常数项	-7.11222*** (0.000)	-7.345915*** (0.000)	-10.12667*** (0.000)	-12.27049*** (0.000)
观测值(N)	203	203	203	203
R^2	0.3855*** (0.0000)	0.4166*** (0.0000)	0.4314*** (0.0000)	0.7096*** (0.0000)

注：显著性水平：*** $p<0.01$，** $p<0.05$，* $p<0.1$，- $p<0.15$

2. 回带验证

通过回代数据，利用已知方程求出消耗的能量，并与实际测量的能耗进行比较，分析模型预测值和真实值之间的相关性。

pwcorr wmin nVM nACz,sig(命令含义，将实际能量消耗与通过 ACz 模型与 VM 模型预测出来的值进行比较，求出相关系数，并检验其是否显著相关)

	wmin	nVM	nACz
wmin	1.0000		
nVM	0.8800	1.0000	
	0.0000		
nACz	0.8674	0.9926	1.0000
	0.0000	0.0000	

从数据可知，实际能量消耗与预测的能量消耗之间相关系数均超过 85%，最高不超过 1。因此，模型具有较强的预测性，能够与控制组的实际数据相吻合。

4.5.3.3 分类能量消耗模型

为了进一步探讨不同类型的运动是否对模型的解释力度有所提升，将活动分类为走跑类运动以及非走跑类运动，以此进行拟合建模。

1. 走跑类能量消耗模型

以走路和跑步为基础的走跑类能耗模型（以 ACz 为基础）：

reg wmin aczmin sex1 bmi HR if type==走路|type==跑步

Source	SS	df	MS	
Model	299.93197	4	74.9829926	Number of obs = 50
				Prob > F = 0.0000
Residual	95.3413753	61	1.56297337	R-squared = 0.7588
				Adj R-squared = 0.7430
Total	395.273346	65	6.08112839	Root MSE = 1.2502

```
        wmin |    Coef.    Std. Err.       t    P>|t|     [95% Conf. Interval]
-------------+----------------------------------------------------------------
      aczmin | 0.0180169  0.0049033     3.67    0.001    0.0082121   0.0278217
        sex1 | 2.058352   0.3420352     6.02    0.000    1.374411    2.742294
         bmi | 0.2000157  0.0701607     2.85    0.006    0.0597206   0.3403107
          HR | 0.0474637  0.0071631     6.63    0.000    0.0331402   0.0617872
        _cons| -13.77707  2.504976     -5.50    0.000   -18.78608   -8.768059
```

走跑类活动 ACz 方程为：

$$W/\min = -18.78608 + 0.0082121 * ACz + 2.058352 * 性别 + 0.2000157 * BMI + 0.0474637 * HR$$

（男性＝1，女性＝0）

此方程在总体方程的基础上，进一步提高了 R^2 值，因此具有一定意义。

以走路和跑步为基础的走跑类能耗模型（以 VM 为基础）：

```
reg wmin vmmin sex1 bmi HR if type==走路|type==跑步

      Source |       SS         df         MS            Number of obs = 66
       Model |   312.707811      4     78.1769526        Prob>F = 0.0000
    Residual |   82.565535      61     1.35353336        R-squared = 0.7911
-------------+------------------------------------       Adj R-squared = 0.7774
       Total |   395.273346     65     6.08112839        Root MSE = 1.1634

        wmin |    Coef.    Std. Err.       t    P>|t|     [95% Conf. Interval]
-------------+----------------------------------------------------------------
       vmmin | 0.0140973  0.0028178     5.00    0.000    0.0084628   0.0197319
        sex1 | 2.034297   0.316836      6.42    0.000    1.400744    2.66785
         bmi | 0.1546967  0.066487      2.33    0.023    0.0217478   0.2876457
          HR | 0.0202001  0.0096278     2.10    0.040    0.0009482   0.039452
        _cons| -8.849811  1.674347     -5.29    0.000   -12.19788   -5.501747
```

走跑类活动 VM 方程为：

$$W/min = -8.849811 + 0.0140973 * VM + 2.034297 * 性别 + 0.1546967 * BMI + 0.0202001 * HR$$

（男性＝1,女性＝0）

此方程在总体方程的基础上，明显提高了 R^2 值，因此同样具有一定意义。

2. 非走跑类能耗模型

非走跑类活动模型，包括自行车、爬楼梯、俯卧撑、伏案、平躺。

非走跑类能量消耗模型（以 ACz 为基础）：

```
reg wmin aczmin sex1 bmi HR if type!=4 & type!=5 & type!=9
    Source |     SS       df       MS         Number of obs = 137
     Model | 443.483373    4    110.870843    Prob > F      = 0.0000
  Residual | 250.046358   132   1.89429059    R-squared     = 0.6395
-----------+----------------------------      Adj R-squared = 0.6285
     Total | 693.529731   136   5.09948332    Root MSE      = 1.3763

---------------------------------------------------------------------
      wmin |   Coef.     Std. Err.    t    P>|t|   [95% Conf. Interval]
-----------+---------------------------------------------------------
    aczmin | 0.0023692  0.0011846  2.00   0.048   0.000026   0.0047124
      sex1 | 0.6592242  0.2517576  2.62   0.010   0.1612229  1.157226
       bmi | 0.230651   0.053545   4.31   0.000   0.1247336  0.3365683
        HR | 0.0569472  0.0056789 10.03   0.000   0.0457138  0.0681807
     _cons | -8.484922  1.266777  -6.70   0.000  -10.99073  -5.979112
---------------------------------------------------------------------
```

非走跑类活动 ACz 方程为：

$$W/min = -8.484922 + 0.0023692 * ACz + 0.6592242 * 性别 + 0.230651 * BMI + 0.0569472 * HR$$

（男性＝1,女性＝0）

该模型虽然拟合程度较好，但是相比于总体方程，却并没有提高 R^2 值，分析原因，可能是因为非走跑类活动比较多，且运动强度差异较大，因此造成分类方程拟合不如总体方程。

非走跑类能量消耗模型(以 VM 为基础):

```
reg wmin vmmin sex1 bmi HR if type!=4 & type!=5 & type!=9
  Source |     SS         df        MS            Number of obs = 137
   Model | 437.688876      4     109.422219       Prob>F = 0.0000
Residual | 255.840855    132     1.9381883        R-squared = 0.6311
---------+---------------------------------       Adj R-squared = 0.6199
   Total | 693.529731    136     5.09948332       Root MSE = 1.3922

------------------------------------------------------------------------
    wmin |   Coef.     Std. Err.    t    P>|t|    [95% Conf.Interval]
---------+--------------------------------------------------------------
   vmmin | 0.0038308  0.0039942   0.96   0.339   -0.0040702   0.0117318
    sex1 | 0.6479055  0.2594625   2.50   0.014    0.1346631   1.161148
     bmi | 0.2447059  0.0535625   4.57   0.000    0.1387541   0.3506577
      HR | 0.0632395  0.0045491  13.90   0.000    0.0542409   0.072238
    _cons| -10.5963   2.115614   -5.0    0.000   -14.78119   -6.411405
------------------------------------------------------------------------
```

非走跑类活动 VM 方程为:

$$W/min = -10.5963 + 0.0038308 * VM + 0.6479055 * 性别 + 0.2447059 * BMI + 0.0632395 * HR$$

(男性=1,女性=0)

同样,该模型虽然拟合程度较好,但是相比于总体方程,却并没提高解释力,可能是因为非走跑类活动比较多,且运动强度差异较大,因此造成分类方程拟合不如总体方程。

3. 散点图评估

以走跑类运动和非走跑类运动为对象,以 ACz 值为标准,绘制能耗关联散点图(图 4-10),其中黑点为走跑类运动 ACz 值与能耗散点图,灰点为非走跑类运动 ACz 值与能耗散点图。

用 ACz 值来预测能耗,走跑类运动和非走跑类运动差异较大。

以走跑类运动和非走跑类运动为对象,以 ACz 值为标准,绘制能耗关联散点图(图 4-11),其中黑点为走跑类运动 VM 值与能耗散点图,灰点为非走跑类运动 VM 值与能耗散点图。

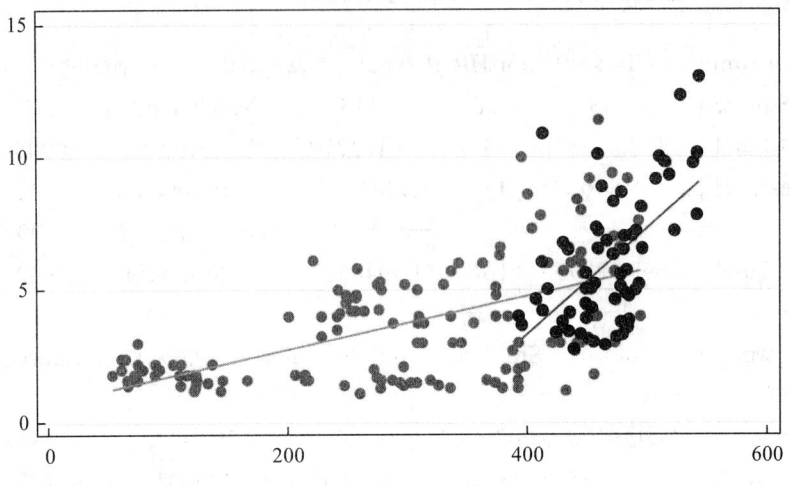

图 4-10 ACz 值与能耗散点图

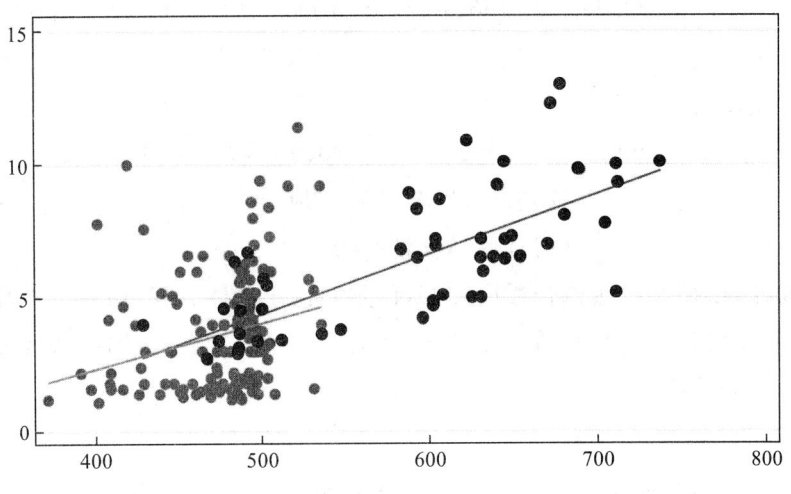

图 4-11 VM 值与能耗散点图

当用 VM 值来衡量能量消耗时，走跑类运动和非走跑类运动差距并不大，可以合并用整体方程来进行预测。分析原因，可能是因为 VM 值是对三维加速度的合成值，因此在衡量差异较大的运动项目时，具有一定的平缓作用。

4.5.3.4 MET 值构建能量消耗模型

在研究中,同样也以 3METs/min 值作为划分强度的标准,来构建能耗模型。一般来说,将强度小于 3METs/min 的归为静止,将强度大于 3METs/min 的归为运动。

1. 以 ACz 轴为基础的能耗模型

METs≤3 的能量消耗模型:

reg wmin aczmin sex1 bmi HR if mets<=3

Source	SS	df	MS	
Model	5.84880769	4	1.46220192	Number of obs=65
Residual	6.58965415	60	0.109827569	$F_{(4,60)}$=13.31
				Prob>F=0.0000
				R-squared=0.4702
				Adj R-squared=0.4349
Total	12.4384618	64	0.194350966	Root MSE=0.3314

wmin	Coef.	Std. Err.	t	P>|t|	[95% Conf.Interval]	
aczmin	−0.0003148	0.0003504	−0.90	0.373	−0.0010157	0.0003861
sex1	0.5016972	0.0864611	5.80	0.000	0.3287493	0.6746451
bmi	0.0466198	0.0193647	2.41	0.019	0.0078846	0.0853551
HR	0.009224	0.0029169	3.16	0.002	0.0033894	0.0150586
_cons	−0.2189415	0.5259387	−0.42	0.679	−1.270976	0.8330925

回归方程:

$$W/min = -0.2189415 - 0.0003148 * ACz + 0.5016972 * 性别 + 0.0466198 * BMI + 0.009224 * HR$$

(男性=1,女性=0)

METs>3 的能量消耗模型:

reg wmin aczmin sex1 bmi HR if mets>3

Source	SS	df	MS	
Model	381.473303	4	95.3683258	Number of obs=138
				$F_{(4,133)}$=44.27
				Prob>F=0.0000

Residual	286.490117	133	2.15406103	R-squared＝0.5711
				Adj R-squared＝0.5582
Total	667.96342	137	4.8756454	Root MSE＝1.4677

wmin	Coef.	Std. Err.	t	P＞|t|	[95% Conf.Interval]
aczmin	0.0072777	0.0015335	4.75	0.000	0.0042445 0.0103108
sex1	1.381504	0.2650253	5.21	0.000	0.8572941 1.905714
bmi	0.2304947	0.0571279	4.03	0.000	0.1174979 0.3434916
HR	0.0518844	0.0063503	8.17	0.000	0.0393238 0.064445
_cons	－9.681207	1.4918500	－6.49	0.000	－12.63203 －6.730385

回归方程：

$$W/min = -9.681207 + 0.0072777 * ACz + 1.381504 * 性别 + 0.2304947 * BMI + 0.0518844 * HR$$

（男性＝1，女性＝0）

2. 以 VM 轴为基础能耗模型

METs≤3 的能量消耗模型：

reg wmin vmin sex1 bmi HR if mets＜＝3

Source	SS	df	MS	Number of obs＝65
Model	5.90433352	4	1.47608338	Prob＞F＝0.0000
Residual	6.53412832	60	0.108902139	R-squared＝0.4747
				Adj R-squared＝0.4397
Total	12.4384618	64	0.194350966	Root MSE＝0.33

wmin	Coef.	Std. Err.	t	P＞|t|	[95% Conf.Interval]
vmzmin	－0.0015235	0.0013242	－1.15	0.254	－.0041722 0.0011252
sex1	0.5243771	0.0881893	5.95	0.000	0.3479721 0.700782
bmi	0.0484869	0.0194232	2.50	0.015	0.0096346 0.0873391
HR	0.0084945	0.0026914	3.16	0.003	0.0031109 0.013878
_cons	0.4366957	0.7429833	0.59	0.559	－1.049492 1.922884

回归方程：

$$W/min = 0.4366957 - 0.0015235 * VM + 0.5243771 * 性别 + 0.0484869 * BMI + 0.0084945 * HR$$

（男性=1，女性=0）

METs>3 的能量消耗模型：

```
reg wmin vmin sex1 bmi HR if mets>3
   Source |      SS         df       MS          Number of obs = 138
----------+---------------------------------     F(4,133)     = 44.94
    Model | 383.919092      4     95.9797729     Prob>F       = 0.0000
 Residual | 284.044328    133     2.13567164     R-squared    = 0.5748
----------+---------------------------------     Adj R-squared= 0.5620
    Total | 667.96342     137     4.8756454      Root MSE     = 1.4614
------------------------------------------------------------------------
     wmin |   Coef.    Std. Err.      t     P>|t|     [95% Conf.Interval]
----------+-------------------------------------------------------------
   vmzmin | 0.00939    0.0019223    4.88    0.000    0.0055878   0.0131921
     sex1 | 1.195454   0.2643688    4.52    0.000    0.6725424   1.718365
      bmi | 0.2509687  0.0563664    4.45    0.000    0.1394781   0.3624594
       HR | 0.0438177  0.0069888    6.27    0.000    0.0299940   0.0576413
    _cons |-10.92185   1.537422    -7.10    0.000   -13.96281   -7.880888
------------------------------------------------------------------------
```

回归方程：

$$W/min = -10.92185 + 0.00939 * VM + 1.195454 * 性别 + 0.2509687 * BMI + 0.0438177 * HR$$

（男性=1，女性=0）

3. 小结

以 METs 值为标准进行的线性回归方程，通过软件分析来看，尽管模型拟合程度较好，但是总的解释力度却并不如综合类方程和分类方程，R^2 值都未能达到 0.6 以上，因此在预测实际活动能耗方面会有一定误差。

4.6 结论

4.6.1 传统能耗预测公式汇总

大量前期研究通过使用 CSA、GT3X 和 RT3 加速度计,对日常行为的能量消耗进行记录,通过分析统计构建能量消耗预测公式。在绝大部分以 CSA 为工具的体力活动监测中,最经典的要属 Freedson 能耗预测方程。为提高 CSA 在能耗预测中的准确性,许多学者以 IC 法、DLW 法等为参考标准,以垂直加速度值(ACz)和综合加速度值(VM)为自变量构建了多个能耗预测公式(表 4-7)。

表 4-7 能耗预测公式

仪器	名称	能耗预测公式	项目	R^2	SEE
CSA	Freedson[76]	1.439008+0.000795*ACz	跑台走/跑	0.82	1.12
	Hendelman[202]	1.602+0.000638*ACz	户外走	0.59	0.89
	Hendelman[202]	2.922+0.000409*ACz	户外走+ADL	0.35	0.96
	Swartz[78]	2.606+0.0006863*ACz	户外走+ADL	0.32	1.16
	Leenders[79]	2.240+0.0006*ACz	跑台走/跑	0.74	0.53
	Yngve[203]	1.136+0.0008249*ACz	跑台走/跑	0.85	1.14
	Yngve[203]	0.751+0.0008198*ACz	跑台走/跑	0.86	1.10
	Brooks[204]	2.32+0.000389*ACz	户外走	0.51	0.44
	Brooks[204]	3.33+0.000370*ACz−0.12*W	户外走	0.61	0.40
	Heil[205]	1.551+0.000619*ACz	户外走	0.68	0.61
	Heil[205]	0.00171*ACz+1.957*HT−0.000631*ACz*HT−1.883	户外走	0.70	0.59
GT3X	Sasaki[206]	0.00097*VM+0.08793*W−5.01158	跑台走/跑	—	—
RT3	Hendelman[202]	1.077+0.000187*VM	户外走	0.78	0.62
	Hendelman[202]	2.817+0.0011*VM	户外走+ADL	0.39	0.91
	Leenders[79]	1.514+0.000149*VM	跑台跑	0.81	0.64

注:W=体重(kg),HT=身高(cm)

相关研究表明，AC 与 PAEE 之间存在高度相关性，加之线性方程具有计算方便的特点，研究人员大都构建了线性方程，以 AC 轴为自变量预测体力活动能量消耗。表 4-7 罗列的研究结果表明，公式预测的能耗与 IC 法测试的标准值的相关性介于 0.50～0.90 之间。经典能耗预测公式 Freedson 公式依托跑台运动为基础，分别以 4.8km/h、6.4km/h、9.7km/h 三种不同强度运动推导的 CSA 能耗方程，其 $R^2=0.82$，已达到相当高的拟合度。其他科研人员同样以步行和跑步作为目标活动方式，以 ACz 或 VM 为自变量建立了多个能耗预测方程，逐渐提高了测试的全面性和预测的准确度。

作为体力活动研究的主要对象，大部分加速度计的数据采集方法和能耗预测方程都基于成年人日常体力活动来构建[204,207]。大量研究表明[74,83,112,202,208-211]，不同加速度计在成人体力活动研究中的效度各不相同。鉴于不同加速度计的特点各不相同，到底哪一种加速度计更加准确、高效，成为相关研究选择加速度计的关键。CSA、RT3 和 TriTrac-R3D 加速度计是近年研究重点，大量实验对其准确度、适用性和能耗方式的推导进行了说明，其方法和实验设计都比较全面和先进。SWA 作为一款比较新式的多功能运动传感器，相关研究并不多，尤其是针对中国人群的研究，因此本实验较好地填补了此项空白。

在日常体力活动测试项目方面，Hendelman(2000)等通过研究一般步行和其他家务劳作、休闲运动等项目（修剪草坪、擦拭窗户、吸尘器打扫房间和室外高尔夫等），对加速度传感器 CSA 和 RT3 的有效性进行了分析[202]，结果表明只有步行测得的能耗数据与 IC 法测试值之间的相关度较高，达到 0.75 和 0.87，而其他体力活动，如家务活动和高尔夫等，其测试结果相关系数降低到 0.6 以下。

4.6.2 本研究能耗预测模型汇总

基于上述研究现状，本实验以大学生为测试对象，将体力活动范围扩大到平躺、伏案、步行、跑步、自行车、爬楼梯和俯卧撑等方面，力求最大限度涵盖人群日常主要活动形式，以使模型受用范围更加全面。同时，在公式的自变量选择方面，加入了性别、BMI 值、心率等条件，分别以 ACz 和 VM 对能耗和 METs 进行预测，凸显了准确度。表 4-8 为本研究汇总能耗预测模型。

表 4-8 本研究汇总能耗预测模型

分类		依据	能耗预测模型	R^2	校正 R^2
综合能耗模型		ACz 轴	W/min = −9.125288 + 0.004357∗ACz + 1.097599∗性别 + 0.2270181∗BMI + 0.057226∗HR	0.701	
		VM 轴	W/min = −12.27049 + 0.0088157∗VM + 0.9537111∗性别 + 0.2318533∗BMI + 0.0586115∗HR	0.709	
分类能耗模型	走跑类	ACz 轴	W/min = −18.78608 + 0.0082121∗ACz + 2.058352∗性别 + 0.2000157∗BMI + 0.0474637∗HR	0.7588	0.7430
		VM 轴	W/min = −8.849811 + 0.0140973∗VM + 2.034297∗性别 + 0.1546967∗BMI + 0.0202001∗HR	0.7911	0.7774
	非走跑类	ACz 轴	W/min = −8.484922 + 0.0023692∗ACz + 0.6592242∗性别 + 0.230651∗BMI + 0.0569472∗HR	0.6395	0.6285
		VM 轴	W/min = −10.5963 + 0.0038308∗VM + 0.6479055∗性别 + 0.2447059∗BMI + 0.0632395∗HR	0.6311	0.6399
METs	≤3	ACz 轴	W/min = −0.2189415 − 0.0003148∗ACz + 0.5016972∗性别 + 0.0466198∗BMI + 0.009224∗HR	0.4702	0.4349
		VM 轴	W/min = 0.4366957 − 0.0015235∗VM + 0.5243771∗性别 + 0.0484869∗BMI + 0.0084945∗HR	0.4747	0.4397
	>3	ACz 轴	W/min = −9.681207 + 0.0072777∗ACz + 1.381504∗性别 + 0.2304947∗BMI + 0.0518844∗HR	0.5711	0.5582
		VM 轴	W/min = −10.92185 + 0.00939∗VM + 1.195454∗性别 + 0.2509687∗BMI + 0.0438177∗HR	0.5748	0.5620

注：男性=1，女性=0

第四章 青少年学生日常体力活动能量消耗预测模型的研究

本研究在对体力活动能量消耗进行分析建模时,分别从综合类、走跑类体力活动、非走跑类体力活动和METs四个方面进行数据分析和公式构建,力求准确、全面地对运动人体能量消耗进行测试。从公式来看,综合类能耗模型和分类能耗模型拟合度都达到了0.6以上。从回带效果来看,可以比较好地预估结果。

体力活动强度是影响加速度计准确性的一个重要因素。对不同强度下各加速度计能耗监测准确性的研究表明[85,125],当运动强度超过某一强度时单轴加速度计的准确性下降。King(2004)比较了21名成人七种速度走/跑时CSA、RT3和TriTrac-R3D的测试结果[212],并与IC法测得的能耗值进行了对比,结果发现尽管低中强度运动时CSA和BioTrainer计数与实际能耗存在线性关系,但在较高速度(9.66km/h)跑步时这种线性关系消失,当速度高于9.66km/h时CSA的AC出现平台。本研究将运动强度METs以3为分界线进行划分,分别对其进行能耗模型构建。从结果来看,拟合度R^2都不算太好,尤其是METs≤3时,只有不到0.5,与相关研究一样,模型在不同强度下对体力活动能耗的计算会出现偏差。

第五章 研究结论与展望

本研究以当前大学生为主要对象,分析了大学生体质现状和影响体质健康发展的因素;同时,对大学生日常体力活动方式进行汇总和归纳,以走、跑、平躺、伏案、自行车、爬楼梯和俯卧撑为基础构建能量消耗模型,对大学生今后体力活动评估提供参考依据。

5.1 研究结论

大学生身体形态发育水平持续提高,营养状况持续改善;大学生的爆发力、力量、耐力等身体素质指标进一步下降,整体表现为大学生的身体健康状况持续下降。体育运动方面,传统球类和田径项目依然是学生主要参与锻炼项目,但是众多新兴项目逐渐在校园内外广泛发展。

构建大学生日常体力活动能量消耗模型,将体力活动范围扩大到平躺、伏案、步行、跑步、自行车、爬楼梯和俯卧撑等方面。同时,在公式的自变量选择方面,加入了性别、BMI值、心率等条件,分别以ACz和VM对能耗和METs进行预测,得出如下预测公式:

综合能耗模型:

$$W/min = -9.125288 + 0.004357*ACz + 1.097599*性别 + 0.2270181*BMI + 0.057226*HR;$$

$$W/min = -12.27049 + 0.0088157*VM + 0.9537111*性别 + 0.2318533*BMI + 0.0586115*HR;$$

分类能耗模型:

走跑类:

$$W/min = -18.78608 + 0.0082121*ACz + 2.058352*性别 + 0.2000157*BMI + 0.0474637*HR;$$

$$W/min = -8.849811 + 0.0140973*VM + 2.034297*性别$$

$$+0.1546967*BMI+0.0202001*HR;$$

非走跑类：

$$W/min = -8.484922+0.0023692*ACz+0.6592242*性别$$
$$+0.230651*BMI+0.0569472*HR;$$

$$W/min = -10.5963+0.0038308*VM+0.6479055*性别$$
$$+0.2447059*BMI+0.063239*HR;$$

METs 能耗模型：

METs≤3：

$$W/min = -0.2189415-0.0003148*ACz+0.5016972*性别$$
$$+0.0466198*BMI+0.009224*HR;$$

$$W/min = 0.4366957-0.0015235*VM+0.5243771*性别$$
$$+0.0484869*BMI+0.008494*HR;$$

METs>3：

$$W/min = -9.681207+0.0072777*ACz+1.381504*性别$$
$$+0.2304947*BMI+0.051884*HR;$$

$$W/min = -10.92185+0.00939*VM+1.195454*性别$$
$$+0.2509687*BMI+0.0438177*HR$$

（注：男性＝1，女性＝0）

5.2 研究展望

目前，我国对于青少年学生体质健康发展与促进、体力活动的有效形式、适宜推荐量以及相关政策的实施等仍然是以后研究、探索的方向。

青少年学生体质健康逐年下滑已经成为亟待改善的问题，今后研究重点要放在切实提高学生对体质的重视，培养学生的体育意识和兴趣，引导学生养成正确的锻炼习惯；正确宣传和引导学生的饮食习惯和生活方式，从根本上改善不良生活方式对学生体质的影响；完善学校的体育工作制度，改善场地设施和体育器材条件，加强师资力量的建设，为体育健康工作的开展打造坚实的物质保障；通过正确的人才观督促学生积极参加体育活动，养成积极的健康观，学生应不断加强自己健康意识的学习，积极参与体育活动，通过有效的体育锻炼和健康的生活方式，不断增强自身的体质水平。

本书针对在校大学生日常体力活动,构建了不同方式的能量消耗模型。在今后的研究中,通过加大受试人员的数量,不断提高模型的准确度,同时,测量能量消耗的运动项目可以更加多样化,仪器可以更加精确化,如增加户外运动、各类球类运动、竞技对抗性运动(如网球、乒乓球、羽毛球、游泳、篮球、足球等)。能量消耗模型的构建过程中,还可以增加更多不同的分析方法,如分段模型、神经网络模型等,以增强实际预测的准确性。

通过对体力活动能量消耗的研究,可以有针对性地提供日常体力活动推荐量,推荐量可以具体化、个性化,如针对每岁年龄、男女推荐体力活动量,针对不同人群,如肥胖超重人群如何减少体重给出推荐量;青少年人群在年龄上可以更加多层次。在实验方法上有望利用运动传感器便携、小巧的特点,进行长时间的自由体力活动能量消耗测量,为改善青少年体力活动现状、增强青少年体质健康提供有力的依据。

参考文献

[1] 张彦峰,江崇民,蔡睿.我国国民体力活动的特征研究[J].体育文化导刊,2012,(10):26-30.

[2] 江崇民,张一民.中国体质研究的进程与发展趋势[J].体育科学,2008,(09):25-32,88.

[3] 张彦峰,江崇民,蔡睿,等.国民体质监测质量控制体系的建立与应用[J].山东体育科技,2012,(04):87-91.

[4] 中国学生体质与健康研究组,2000年中国体质与健康调研报告[M].北京:高等教育出版社,2002.

[5] 学生体质健康标准研究课题组.《学生体质健康标准(试行方案)》解读[M].北京:人民教育出版社.2002.

[6] 姜志明,吴昊.中日大学生体质与健康测试标准的比较研究[J].上海体育学院学报,2003,(05):111-113.

[7] 汤强,王香生,盛蕾.体力活动测量方法研究进展[J].体育与科学,2008,(06):79-86.

[8] 戴剑松,王正伦,孙飙.体力活动、疾病与健康关系概述及最新结论[J].南京体育学院学报(社会科学版),2009,(06):120-128.

[9] 陈晶.亚健康自评量表的编制与大学生亚健康中医体质研究[D].广州:南方医科大学博士学位论文,2009.

[10] 杨叔子,余东升.素质教育:改革开放30年中国教育思想一大硕果——纪念《中共中央国务院关于深化教育改革全面推进素质教育的决定》颁布十周年[J].高等教育研究,2009,(06):1-8.

[11] 尹小俭,杜建强,季浏,等.中国大学生体质健康变化趋势的研究[J].北京体育大学学报,2012,(09):79-84.

[12] 余岚.大学生个性化体质健康促进研究[D].北京:北京体育大学博士学位论文,2013.

[13] Durstine J L,Gordon B,Wang Z,et al. Chronic disease and the link to physical activity[J]. Journal of Sport and Health Science,2013,2(1):3-11.

[14] Colditz G A,Dart H,Ryan C T. Physical activity and health[M]. Heggenhougen H K. International Encyclopedia of Public Health. Oxford:Academic Press, 2008:102-110.

[15] 张勇.我国大学生体质评价体系相关指标有效性和可靠性研究[J].天津体育学院学报,2003,(04):64-67.

[16] 于海涛.大学生体质与健康现状、影响因素及对策[J].河南教育学院学报(自然科学版),2006,(04):66-69.

[17] 赵晓杰,陆为民.论体质的影响因素[J].吉林中医药,2011,(04):293-294.

[18] 张天佐.中医"先天"理论的文献研究[D].北京:北京中医药大学博士学位论文,2010.

[19] 张承龙,张琳慧,蔺开芬.简述"中式人体生物钟"与人体体质先天禀赋的联系[A].中华中医药学会第八届中医体质研讨会暨中医健康状态认知与体质辨识研究论坛[C],中国山东青岛.2010,3.

[20] 王菲.痹证发病与体质关系的文献研究[D].北京:北京中医药大学硕士学位论文,2012.

[21] 王晶.大学生体质健康状况分析及对策研究[D].泰安:泰山医学院硕士学位论文,2012.

[22] 李静芳.2008—2011年大学生体质健康状况的动态分析[D].太原:山西师范大学硕士学位论文,2012.

[23] 陈华卫.大学生体质与体育生活方式相互关系[J].体育学刊,2007,(08):88-91.

[24] 刘立清,浦阳.肥胖与正常体重大学生体力活动量与锻炼习惯的调查研究[J].山西师大体育学院学报,2008,(01):135-137.

[25] 王世华.邯郸市普通高校大学生课外活动现状与对策的研究[D].石家庄:河北师范大学硕士学位论文,2012.

[26] 杨玉伟,丁艺.对我校大学生体质健康现状检测分析与体育教学改革对策研究[J].沈阳大学学报,2005,(04):107-110.

[27] 王峰.山东省大学生体质健康状况分析与对策研究[D].济南:山东大学硕士学位论文,2011.

[28] 房亚南.大学生体质发展现状及影响因素与对策的研究[D].曲阜:曲阜师范大

学硕士学位论文,2012.

[29] 祝娜.普通高校大学生在校四年体质健康状况调查与分析[D].苏州:苏州大学硕士学位论文,2013.

[30] 石娟娟.大学生体质健康综合评价分级模型构建的研究[D].武汉:华中科技大学硕士学位论文,2009.

[31] 陆湘群.上海大学生体质健康监控机制研究[D].上海:东华大学硕士学位论文,2013.

[32] 孟莉.大学生体育生活方式与体质的相关性研究[D].沈阳:沈阳师范大学,2013.

[33] 王香生,黄雅君.体力活动与健康:研究及应用[J].体育与科学,2008,(06):76-78,55.

[34] 邹志春,陈佩杰.青少年体质、体力活动与心血管疾病发生风险之关系[J].上海体育学院学报,2010,(06):50-54.

[35] 陈明达.国外体质研究的简况及我国2002年体质研究工作设想[J].辽宁体育科技,1995,(07):8-11.

[36] 林静,王建雄.美国体质研究发展等若干问题讨论[J].天津体育学院院报,2005,12(3):21-24.

[37] 阎智力,石井胜.关于中日学生体质健康标准的比较[J].体育学刊,2005,(06):105-108.

[38] 史银斌.中日两国学生体质测量发展与变革的比较研究[J].湖北体育科技,2008,27(1):110-114.

[39] 蔡丹聃,孙有平,季浏.中外青少年体质测定标准之力量素质评价指标的比较[J].首都体育学院学报,2013,(04):371-374.

[40] Organization Po W H. WHO metting stresses health benefits of active living[R]. World Health Organization,2003:54-62.

[41] Foy C G, Vitolins M Z, Case L D, et al. Incorporating prosocial behavior to promote physical activity in older adults: rationale and design of the Program for Active Aging and Community Engagement (PACE)[J]. Contemporary Clinical Trials,2013,36(1):284-297.

[42] Caspersen C J, Powell K E, Christeason G M. Physical activity, exercise, and physical fitness: definitions and distinctions for health-related research[D]. 1985.

[43] 姚崇华,左惠娟,孔灵芝,等.不同强度体力活动与代谢综合征现况调查分析[J].中华医学杂志,2006,(30):2099-2104.

[44] 朱文斐.不同体力活动水平40～49岁城市女性心血管风险因素研究[D].北京:北京体育大学硕士学位论文,2012.

[45] Tessier S, Vuillemin A, Bertrais S, et al. Association between leisure-time physical activity and health-related quality of life changes over time[J]. Preventive Medicine, 2007, 44(3):202-208.

[46] 刘述芝,邹志春.国外青少年体力活动与健康促进研究现状[J].哈尔滨体育学院学报,2010,(06):5-8.

[47] Wilkins L Wa. ACSM's guidelines for exercise testing and prescription[M]. American College of Sports Medicine, 2000.

[48] White J, Jago R. Fat distribution, physical activity and cardiovascular risk among adolescent girls[J]. Nutrition, Metabolism and Cardiovascular Diseases, 2013, 23(3):189-195.

[49] ACSM. ACSM's behavioral aspects of physical activity and exercise[M]. American College of Sports Medicine, 2013:1-6.

[50] 关尚一.美国儿童青少年适宜体力活动推荐量的研究[D].上海:华东师范大学博士学位论文,2010.

[51] Ferrar K, Olds T, Maher C. More than just physical activity: Time use clusters and profiles of Australian youth[J]. Journal of Science and Medicine in Sport, 2013, 16(5):427-432.

[52] Souza M S F, Cardoso A L, Yasbek Jr P, et al. Aerobic endurance, energy expenditure, and serum leptin response in obese, sedentary, prepubertal children and adolescents participating in a short-term treadmill protocol[J]. Nutrition, 2004, 20(10):900-904.

[53] 李德法.中年肥胖人群走跑减肥运动处方的实验研究[D].南京:南京师范大学硕士学位论文,2011.

[54] Liam J D. At least five a week: evidence on the impact of physical activity and its relationship to health[M]. Great Britain. Department of Health, Physical Activity, Health Improvement and Prevention. 2004:11-23.

[55] Organization W H, World health report[R]. Geneva: World Health Organization, 2002.

[56] Woan J, Lin J, Auerswald C. The health status of street children and youth in low – and middle – income countries: a systematic review of the literature[J]. Journal of Adolescent Health,2013,53(3):314 – 321.

[57] Lau X C, Chong K H, Poh B K,et al. Chapter two – physical activity,fitness and the energy cost of activities: implications for obesity in children and adolescents in the tropics[M]. Jeyakumar H. Advances in Food and Nutrition Research. Academic Press. 2013:49 – 101.

[58] Cheng S J,Yu H K,Chen Y C,et al. Physical activity and risk of cardiovascular disease among older adults[J]. International Journal of Gerontology,2013,7(3):133 – 136.

[59] Atlanta G A. Physical activity and health: a report of the surgeon general [M]. US Department of health and human service, center for disease control and prevention,national center forchronic disease prevention and health promotion. 1996:20 – 144.

[60] 金慧娟,金雷,陆长青.大学生体质健康与心理健康的相关性分析[J].浙江体育科学,2010,(04):87 – 92.

[61] Janney C A,Richardson C R,Holleman R G,et al. Gender,mental health service use and objectively measured physical activity: data from the national health and nutrition examination survey(NHANES 2003 – 2004)[J]. Mental Health and Physical Activity,2008,1(1):9 – 16.

[62] Kagee A,Freeman M. Mental health and physical health (including HIV/AIDS)[M]. Heggenhougen HK. International Encyclopedia of Public Health. Oxford: Academic Press,2008:354 – 364.

[63] Sullivan D J,van Zyl MA. The well – being of children in foster care: exploring physical and mental health needs[J]. Children and Youth Services Review, 2008,30(7):774 – 786.

[64] Azar D,Ball K,Salmon J,et al. The association between physical activity and depressive symptoms in young women: a review[J]. Mental Health and Physical Activity,2008,1(2):82 – 88.

[65] 王虹.大学生体质与心理健康的关系研究[J].北京体育大学学报,2006,(10):1351 – 1352.

[66] Robson D,Gray R. Serious mental illness and physical health problems: a

[67] 刘玲玲. 体育运动与大学生体质健康、心理健康素质的关系研究[D]. 武汉:华中师范大学硕士学位论文,2011.

[68] Lahti J, Lahelma E, Rahkonen O. Changes in leisure-time physical activity and subsequent sickness absence: a prospective cohort study among middle-aged employees[J]. Preventive Medicine,2012,55(6):618-622.

[69] Smith B K, Kirk E. Chapter 5 - resistance training and physical exercise in human health[M]. Bagchi D, Nair S, Sen C K. Nutrition and Enhanced Sports Performance. San Diego: Academic Press. 2013:55-64.

[70] Harrington D M, Martin C K, Ravussin E, et al. Activity related energy expenditure, appetite and energy intake. Potential implications for weight management [J]. Appetite,2013,67:1-7.

[71] 谭玉婷,项永兵. 回顾性体力活动调查问卷信度和效度的研究进展[J]. 疾病控制杂志,2007,(02):192-195.

[72] 屈宁宁,李可基. 国际体力活动问卷中文版的信度和效度研究[J]. 中华流行病学杂志,2004,(03):87-90.

[73] 冯立新. 利用运动传感器与加速传感器评价人体运动的方法[J]. 国外医学生物医学工程分册,1991,(06):356-357.

[74] Nilsson A, Brage S, Riddoch, et al. Comparison of equations for predicting energy expenditure from accelerometer counts in children[J]. Scand J Med Sci Sports,2008,18(5):643-650.

[75] 刘芹,柏开祥,程吟,等. 不同运动强度下人体能量消耗的计算及评价[A]. 第十四届全国运动生物力学学术交流大会[C],中国山东济南.2010:2.

[76] Freedson PS ME, Sirard J, et al. Calibration of the computer science and applications, Inc. accelerometer[J]. Med Sci Sports Exerc,1998,30(5):777-781.

[77] Preston T, Baltzer W, Trost S. Accelerometer validity and placement for detection of changes in physical activity in dogs under controlled conditions on a treadmill[J]. Research in Veterinary Science,2012,93(1):412-416.

[78] Swartz A M, Strath S J, Bassett D R, et al. Estimation of energy expenditure using CSA accelerometersat hip and wrist sites[J]. Med Sci Sports Exerc,2000,32(9):S450-456.

[79] Sherman W M. Ability of different physical activity monitors to detect movement during treadmill walking[J]. Int J Sport med,2003,24(1):43-45.

[80] Godfrey A,Bourke A K,Ólaighin G M,et al. Activity classification using a single chest mounted tri-axial accelerometer[J]. Medical Engineering & Physics,2011,33(9):1127-1135.

[81] 田野.运动生理学高级教程[M].北京:高等教育出版社,2003:769.

[82] 顾景范.现代临床营养学[M].北京:科学出版社,2003.

[83] Crouter S E,Churilla J R,Bassett Jr. Estimating energy expenditure using accelerometers[J]. Euro J Appl Physiol,2006,98(6):601-612.

[84] Duloo A G. A low-budget and easy-to-operate room reoirometer for measuring daily energy expenditure in man[J]. Am J Clin Nutr,1988,48:1367-1371.

[85] Elbelt U,Schuetz T,Hoffmann I,et al. Differences of energy expenditure and physical activity patterns in subjects with various degrees of obesity[J]. Clinical Nutrition,2010,29(6):766-772.

[86] 刘爱玲,李艳平,宋军.加速度计对成人日常体力活动测量效度的研究[J].中华流行病学杂志,2005,26(3):197-200.

[87] Meyer T,Georg T,Becker C. Reliability of gas exchange measurements from two different spiroer gometry systems[J]. Int J Sports Med,2001,22:593-597.

[88] Vanheesa L,Lefevreb J,Philippaertsc R. How to assess physical activity How to assess physical fitness[J]. Eur J Cardiovasc Prev Rehabil,2005,12:102-114.

[89] da Silva V Z M,Lima A C,Vargas F T,et al. Association between physical activity measurements and key parameters of cardiopulmonary exercise testing in patients with heart failure[J]. Journal of Cardiac Failure,2013,19(9):635-640.

[90] Bailey R C,J O,SL P. The level and tempo of children physical activities:an obser vational study[J]. Med Sci Sports Exerc,2000,27:1033-1041.

[91] Schoeller D A,E Van Sauten. Measurement of energy expenditure in humans by doubly labeled water method[J]. Appl Physiol,1982,53(4):955-959.

[92] 冯建英.一种测定能量消耗的新技术——双标水法[J].中国运动医学杂志,1996,15(3):203-205.

[93] Schoeller D A. Validation of habitual energy intake[J]. Public Health Nutr, 2002, 21(5):883-888.

[94] Weir J B. New methods of calculating metabolic rate with special reference to protein metabolism[J]. J Physiol, 1949, 109:1-9.

[95] Scagliusi F B, Ferriolli E, Pfrimer K, et al. Underreporting of energy intake in developing nations[J]. Nutr Rev, 2006, 64(7):319-330.

[96] 刘健敏,朴建华,杨晓光. 双标水法在能量代谢测定中的研究及应用现状[J]. 科学技术与工程, 2008, 8(5):1252-1258.

[97] Emons H J G, Groenenboom D C, Westerterp K R, et al. Comparison of heart rate monitoring combined with indirect calorimetry and the doubly labelled water($^2H_2\ ^{18}O$) method for the measurement of energy expenditure in children[J]. European Journal of Applied Physiology and Occupational Physiology, 1992, 65(2):99-103.

[98] Westerterp K R. Body composition, water turnover and energy turnover assessment with labelled water[J]. Proc Nutr Soc 1999, 58:945-951.

[99] Freedson P S, Miller K. Objective monitoring of physical activity using motion sensors and heart rate[J]. Res Q Exerc Sport, 2000, 71(2):S21-29.

[100] Leonard W R. Measuring human energy expenditure: what have we learned from the flex-heart rate method[J]. Am J Hum Biol, 2003, 15:479-489.

[101] Rowlands A V, Eston R G, Ingledew D K. Measurement of physical activity in children with particular reference to the use of heart rate and pedometry[J]. Sports Med, 1997, 24(4):258-272.

[102] Strath S J, Swartz A M, Bassett D R Jr, et al. Evaluation or heart rate as a method for ssessing moderate intensity physical activity[J]. Med Sec Sports Exerc 2000, 32:465-470.

[103] Murphy M H, Murtagh E M. Physical activity: beneficial effects[M]. Caballero B. Encyclopedia of Human Nutrition (Third Edition). Waltham: Academic Press, 2013:33-38.

[104] Lovelady C A, Neredith C N, McCrory M A, et al. Energy expenditure in lactating women: a comparison of doubly labelled water and heart-rate monitoring methods[J]. Am J Clin Nutr, 1998, 57:512-518.

[105] Yu Z, Völgyi E, Wang R, et al. Comparison of heart rate monitoring with

indirect calorimetry for energy expenditure evaluation[J]. Journal of Sport and Health Science,2012,1(3):178-183.

[106] Janz K F. Validation of the CSA accelerometer for assessing children's physical activity[J]. Med Sci Sports Exerc,1994,26(3):369-375.

[107] Swain D P,Leutholtz B C. Heart rate reserve is equivalent to %VO_2 reserve,not to %VO_{2max}[J]. Med Sci Sports Exerc,1997,29(3):410-414.

[108] Jauz K F,Golden J C,Hansen J R,et al. Heart rate monitoring of physical activity in children and adolescents:the muscatine study[J]. Pediatrics,1992,89(2):256-261.

[109] Arieli A,Kalouti A,Aharoni Y,et al. Assessment of energy expenditure by daily heart rate measurement-validation with energy accretion in sheep[J]. Livestock Production Science,2002,78(2):99-105.

[110] Barkai D,Landau S,Brosh A,et al. Estimation of energy intake from heart rate and energy expenditure in sheep under confinement or grazing condition[J]. Livestock Production Science,2002,73(2-3):237-246.

[111] Haskell W L,Yee M C,Evans A,et al. Simultaneous measurement of heart rate and body motion to quantitate physical activity[J]. Med Sci Sports Exerc,1993,25(1):109-115.

[112] Taraldsen K,Chastin S F M,Riphagen II,et al. Physical activity monitoring by use of accelerometer-based body-worn sensors in older adults:a systematic literature review of current knowledge and applications[J]. Maturitas,2012,71(1):13-19.

[113] Beets M W,Pitetti K H. Using pedometers to measure moderate-to-vigorous physical activity for youth with an intellectual disability[J]. Disability and Health Journal,2011,4(1):46-51.

[114] Foley J T,Beets M W,Cardinal B J. Monitoring children's physical activity with pedometers:reactivity revisited[J]. Journal of Exercise Science & Fitness,2011,9(2):82-86.

[115] Ho Vanda,Simmons R K,Ridgway C L,et al. Is wearing a pedometer associated with higher physical activity among adolescents? [J]. Preventive Medicine,2013,56(5):273-277.

[116] Trapp G S A,Giles-Corti B,Bulsara M,et al. Measurement of children's

[117] Sheng H P, Gao Z. Ethnicity differences in pedometer-based physical activity levels among adolescent girls[J]. Journal of Exercise Science & Fitness, 2012, 10(1):38-43.

[118] Oliver M, Schofield G M, Kolt G S, et al. Pedometer accuracy in physical activity assessment of preschool children[J]. Journal of Science and Medicine in Sport, 2007, 10(5):303-310.

[119] Lubans D R, Morgan P J, Tudor-Locke C. A systematic review of studies using pedometers to promote physical activity among youth[J]. Preventive Medicine, 2009, 48(4):307-315.

[120] Napolitano M A, Borradaile K E, Lewis B A, et al. Accelerometer use in a physical activity intervention trial[J]. Contemporary Clinical Trials, 2010, 31(6):514-523.

[121] Muscillo R, Schmid M, Conforto S, et al. An adaptive Kalman-based Bayes estimation technique to classify locomotor activities in young and elderly adults through accelerometers[J]. Medical Engineering & Physics, 2010, 32(8):849-859.

[122] Kangas M, Konttila A, Lindgren P, et al. Comparison of low-complexity fall detection algorithms for body attached accelerometers[J]. Gait & Posture, 2008, 28(2):285-291.

[123] Scheers T, Philippaerts R, Lefevre J. Objectively-determined intensity- and domain-specific physical activity and sedentary behavior in relation to percent body fat[J]. Clinical Nutrition, 2013, 32(6):999-1006.

[124] Chen K Y, Bassett D R. The technology of accelerometry-based activity monitors: current and future[J]. Med Sci Sports Exerc, 2005, 37(11(Suppl)): S490-S500.

[125] Zhang K, Pi-Sunyer F X, Boozer C N. Improving energy expenditure estimation for physical activity[J]. Med Sci Sports Exerc, 2003, 36:883-889.

[126] Zhang W, Chen Q, McCubbin H, et al. Predictors of mental and physical health: individual and neighborhood levels of education, social well-being, and ethnicity [J]. Health & Place, 2011, 17(1):238-247.

[127] Robert B, White B J, Renter D G, et al. Evaluation of three-dimensional accelerometers to monitor and classify behavior patterns in cattle[J]. Computers and Electronics in Agriculture, 2009, 67(1-2): 80-84.

[128] Murphy S L. Review of physical activity measurement using accelerometers in older adults: considerations for research design and conduct[J]. Preventive Medicine, 2009, 48(2): 108-114.

[129] Carlson Jr R H, Huebner D R, Hoarty C A, et al. Treadmill gait speeds correlate with physical activity counts measured by cell phone accelerometers [J]. Gait & Posture, 2012, 36(2): 241-248.

[130] Vol S, Bedouet M, Gusto G, et al. Evaluating physical activity: The AQAP questionnaire and its interpretation software[J]. Annals of Physical and Rehabilitation Medicine, 2011, 54(8): 478-495.

[131] Rifas-Shiman S L, Gillman M W, Field A E, et al. Comparing physical activity questionnaires for youth: seasonal vs annual format[J]. American Journal of Preventive Medicine, 2001, 20(4): 282-285.

[132] Cartmel B, Moon T E. Comparison of two physical activity questionnaires, with a diary, for assessing physical activity in an elderly population[J]. Journal of Clinical Epidemiology, 1992, 45(8): 877-883.

[133] Neal N. Relationship between physical activity and aerobic fitness[J]. J Sports Med Phys Fitness, 2009, 49(2): 136-141.

[134] Stel V S, Smit J H, Pluijm S M F, et al. Comparison of the LASA physical activity questionnaire with a 7-day diary and pedometer[J]. Journal of Clinical Epidemiology, 2004, 57(3): 252-258.

[135] Strath S J, Bassett Jr D R, Swartz A M. Comparison of the college alumnus questionnaire physical activity index with objective monitoring[J]. Annals of Epidemiology, 2004, 14(6): 409-415.

[136] Shephard R J. Limits to the measurement of habitual physical activity by questionnaires[J]. Br J Sports Med, 2003, 37: 197-206.

[137] Ding D, Sallis J F, Kerr J, et al. Neighborhood environment and physical activity among youth: a review[J]. American Journal of Preventive Medicine, 2011, 41(4): 442-455.

[138] Sallis J F, Saelens B E. Assessment of physical activity by self-report: status,

limitations,and future directions[J]. Res Q Exerc Sport,2000,71(2 Suppl):S1 -14.

[139]Panza G A,Weinstock J,Ash G I,et al. Psychometric evaluation of the timeline followback for exercise among college students[J]. Psychology of Sport and Exercise,2012,13(6):779-788.

[140]Welk G J. Principles of design and analyses for the calibration of accelerometry-based activity monitors[J]. Med Sci Sports Exerc,2005,37(11):S501-511.

[141]赵壮壮,陈培友. 不同加速度传感器测量人体走跑运动能量消耗对比研究[J]. 北京体育大学学报,2013,(04):77-81.

[142]Kochersberger G,McConnell E,Kuchibhatla,et al. The reliability,validity,and stability of a measure of physical activity in the elderly[J]. Arch Phys Med Rehabil,1996,77(8):793-795.

[143]Nichols J F,Morgan C G,Sarking,et al. Validity,reliability,and calibration of the tritrac accelerometer as a measure of physical activity[J]. Medicine & Science in Sports & Exercise,1999,31(6):908-912.

[144]Russell R,Pate M J. Almeida,validation and calibration of an accelerometer in preschool children[J]. Obesity Research & Clinical Practice,2006,14(11):2000-2006.

[145]Tanaka C,Tanaka S. Triaxial accelerometry for assessment of physical acitivity in young children[J]. Obesity Research & Clinical Practice,2007,15(5):1233-1241.

[146]Waldburger R,Zazai R,Wilms B,et al. Resting energy expenditure values assessed by a multi-sensor armband show a low accuracy in obese subjects[J]. e-SPEN Journal,2013,8(6):e246-e250.

[147]Bouten C V C,Koekkoek K,Verduin M,et al. A triaxial accelerometer and portable data processing unit for the assessment of daily physical activity[J]. IEEE Transactions on Biomedical Engineering,1997,44(3):136-143.

[148] Van Hoye A,Nicaise V,Sarrazin P. Self-reported and objective physical activity measurement by active youth[J]. Science & Sports,2014,29(2):78-87.

[149]Crouter S E,Horton M. Validity of accelerometry during free-living activity in children[J]. Medicine & Science in Sports & Exercise,2012,44(5):S477-

S501.

[150] Byun W, Blair S N, Beets M W. How many days of accelerometry monitoring predict sedentary behavior in preschool children? [J]. Medicine & Science in Sports & Exercise, 2012, 44(5): S480 – S484.

[151] Mahar M T, Peavler M, et al. Agreement of hip and ankle worn activity monitors for measurement of physical activity[J]. Medicine & Science in Sports & Exercise, 2012, 44(5): S462 – S467.

[152] John D, Miller R. Why do ActiGraph vertical activity counts level – off? a new perspective[J]. Medicine & Science in Sports & Exercise, 2012, 44(5): S101 – S106.

[153] Sallis J F, Dillon L, Conway T L, et al. Potential for enhanced safety to stimulate more bicycling[J]. Medicine & Science in Sports & Exercise, 2012, 44(5): S393 – S399.

[154] Bornstein D B, Beets M W, Byun W, et al. Accelerometer – derived physical activity levels of preschoolers: a meta – analysis[J]. Journal of Science and Medicine in Sport, 2011, 14(6): 504 – 511.

[155] Taaffe D R, Daly R M, Suominen H, et al. Chapter 29 – Physical activity and exercise in the maintenance of the adult skeleton and the prevention of osteoporotic fractures[M]. Marcus R, Feldman D, Dempster D W, et al. Osteoporosis (Fourth Edition). San Diego: Academic Press, 2013: 683 – 719.

[156] SalehNia B, Mizany M, Sajadi S N, et al. A comparison between attitudes of active and inactive students toward sport and physical activities[J]. Procedia – Social and Behavioral Sciences, 2012, 31(10): 61 – 65.

[157] 谌晓安, 王人卫, 白晋湘. 体力活动、体适能与健康促进研究进展[J]. 中国运动医学杂志, 2012, (04): 363 – 372.

[158] 王超, 陈佩杰. 体力活动研究的现状及趋势[J]. 北京体育大学学报, 2012, (08): 43 – 49.

[159] Amini N, Sarrafzadeh M, Vahdatpour A, et al. Accelerometer – based on – body sensor localization for health and medical monitoring applications[J]. Pervasive and Mobile Computing, 2011, 7(6): 746 – 760.

[160] 赵文华. 不同运动感受装置的特点及在能量消耗测定中的应用[J]. 营养健康新观察, 2005, (03): 33 – 39.

[161] 万义,张天成,胡建文.1985—2005年我国大学生体质综合发展水平的灰评估与灰关联研究[J].天津体育学院学报,2009,(06):484-487,514.

[162] 胡湖,颜飞卫.全国八所高校学生体质健康状况的调查分析[J].浙江体育科学,2005,(01):33-36.

[163] 罗奇.大学生体质健康管理的研究与应用[D].武汉:华中师范大学博士学位论文,2011.

[164] 胡剑,曾红卒.大学生体质健康状况分析与改善对策的研究[J].体育科技文献通报,2007,(04):106-108.

[165] 董砚虎.肥胖的新定义及亚太地区肥胖诊断的重新评估与探讨[J].实用糖尿病杂志,2011,9(2):3-6.

[166] 张亚钦,李辉,季成叶.中国0至18岁正常儿童青少年身体比例生长规律的研究[J].中国循证儿科杂志,2011,5(5):22-27.

[167] 王利森.大学生体力活动影响体质健康的统计研究[J].巢湖学院学报,2008,(03):104-108.

[168] 王正珍,王娟,周誉.生理学进展:体力活动不足生理学[J].北京体育大学学报,2012,(08):1-6.

[169] 李伟,武玉元.我国大学生体质现状与现代生活方式关系分析[J].佳木斯大学社会科学学报,2006,(05):134-136.

[170] 张志刚.高校学生体质健康水平下降的原因和对策的研究[J].文体用品与科技,2012,(04):116-161.

[171] CDC. http://www.cdc.gov/physicalactivity/everyone/health/index.html[EB/OL].2010.

[172] 王正伦,孙飙,戴剑松.大学生体质与体力活动的相关分析和研究[J].武汉体育学院学报,2006,(12):67-72.

[173] 孙晔.不同体育选项课教学对大学男生身体素质影响的比较研究[J].科技信息,2009,11:395-397.

[174] 刘丽萍.研究生的身体健康和体育锻炼行为与本科生的比较研究[J].武汉体育学院学报,2010,44(9):78-80.

[175] 李海燕,陈佩杰,庄洁.上海市青少年体力活动现状与体质健康相关性研究[J].上海预防医学,2011,(04):145-149.

[176] 林家仕,谢敏豪.体力活动与健康的剂量-效应关系研究进展[J].中国体育科技,2011,(05):78-85.

[177] 戴剑松,孙飙.体力活动测量方法综述[J].体育科学,2005,(09):69-75.

[178] Colley R C,Hills A P,King N A,et al. Exercise-induced energy expenditure: implications for exercise prescription and obesity[J]. Patient Education and Counseling,2010,79(3):327-332.

[179] 王丽.健康人群步行能量消耗特点与模型的初步研究[D].合肥:安徽医科大学硕士学位论文,2011.

[180] 徐中华.太极拳练习能量消耗的测量与评价[A].第6届全国青年体育科学学术会议[C].南昌,2011:3.

[181] 朱琳,陈佩杰.能量消耗测量方法及其应用[J].中国运动医学杂志,2011,(06):577-582.

[182] 袁梅.12～14岁中学生常见体力活动能量消耗的研究[D].上海:上海体育学院硕士学位论文,2011.

[183] 向剑锋.大学生体力活动监测中运动传感器能耗预测方程的建立与应用[D].上海体育学院博士学位论文,2011.

[184] Welk G J,Differding J A,Thompson R W,et al. The utility of the digi-walker step counter to assess daily physical activity patterns[J]. Med Sci Sports Exerc,2000,32(9):S481-S488.

[185] Patrick L S,Scott E,et al. Accuracy and reliability of 10 pedometers for measuring steps over a 400m walk[J]. Med Sci Sports Exe,2003,35(10):1779-1784.

[186] Pate R R,Trilk J L,Byun W,et al. Policies to increase physical activity in children and youth[J]. Journal of Exercise Science & Fitness,2011,9(1):1-14.

[187] Seo D-C,King M H,Kim N,et al. Predictors for moderate and vigorous-intensity physical activity during an 18 month coordinated school health intervention[J]. Preventive Medicine,2013,57(5):466-470.

[188] 汤强,盛蕾,朱卫红,等.不同形式上肢运动的能量消耗[J].中国组织工程研究与临床康复,2009,(50):9903-9908.

[189] 朱卫红.上肢活动加速度与能量消耗特征初探[D].苏州:苏州大学硕士学位论文,2009.

[190] 李洁辉,丸山仁司.不同上下台阶方式的能量消耗分析[J].中国康复理论与实践,2003,9(10):42-47.

[191] 王欢,郑迎东,张彦峰,等.登楼梯能量消耗的测量与统计方法研究[J].中国体育科技,2010,(02):11-13,25.

[192] Bassett D R,Vachon J A,Kirkland A O,et al. Energy cost of stair climbing and descending on the college alumnus questionnaire[J]. Physical Fitness Performance,1997,29(9):1250-1254.

[193] 刘春辉,盛蕾,汤强.自行车不同骑速能量消耗特种研究[J].南京体育学院学报(自然科学版),2012,11(2):23-25.

[194] 张勇,王恬.不同强度骑车和跑步的能量消耗与底物代谢特征研究[J].中国体育科技,2009,(01):111-114.

[195] 严波涛,高新友,张伯强,等.人体运动能耗和效率的动作分解测量方法[J].中国临床康复,2006,(40):34-36.

[196] 孙泊,刘宇.相同运动速度走跑两种不同运动模式下能量消耗的比较研究[A].第九届全国体育科学大会[C],中国上海.2011:1.

[197] 刘健敏,李颜,杨晓光.应用K4b~2心肺功能测定仪对日常体力活动能量消耗的测定[J].科学技术与工程,2010,(05):1215-1218.

[198] 李海燕,庄洁,陈佩杰.上海市11-16岁青少年体力活动能量消耗参考值研究[J].中国运动医学杂志,2013,(01):14-19.

[199] Sandroff B M,Motl R W,Kam J P,et al. Accelerometer measured physical activity and the integrity of the anterior visual pathway in multiple sclerosis[J]. Multiple Sclerosis and Related Disorders,2014,3(1):117-122.

[200] Lee P H,Macfarlane D J,Lam T H. Factors associated with participant compliance in studies using accelerometers[J]. Gait & Posture,2013,38(4):912-917.

[201] 朱海珠.运动过程中机体能量消耗和底物代谢特征研究[D].杭州:浙江师范大学硕士学位论文,2009.

[202] Hendelman D M K,Baggett C,et al. Validity of accelerometry for the assessment of moderate intensity physical activity in the fiel[J]. Med Sci Sports Exerc,2000,32(9):442-449.

[203] Yngve A,Nilsson A,Sjostrom M,et al. Effect of monitor placement and of activity setting on the MTI accelerometer output[J]. Med Sci Sports Exerc,2003,35(2):320-326.

[204] Brooks A G,Gunn S M,Withers R T,et al. Predicting walking METs and

energy expenditure from speed or accelerometry[J]. Med Sci Sports Exerc, 2005,37(7):1216-1223.

[205] Heil D P,Higginson B K,Keller C P,et al. Body size as a determinant of activity monitor output during overground walking[J]. JEP online,2003,6(1):1-11.

[206] Sasaki J E,John D,Freedson P S. Calibration of the GT3X activity monito[C]. International Congress on Physical Activity and Public Health (ICPAPH). 2010.

[207] 孙泊,刘宇,李海鹏. 跑台上走、跑能量消耗与运动速度的相关关系研究[J]. 体育科学,2012,(09):17-22.

[208] Joschtel B J,Trost S G. Comparison of intensity-based cut-points for the RT3 accelerometer in youth[J]. Journal of Science and Medicine in Sport,2007,(11):27-33.

[209] Galán I,Meseguer C M,Herruzo R,et al. Self-rated health according to amount,intensity and duration of leisure time physical activity[J]. Preventive Medicine,2010,51(5):378-383.

[210] Thivel D,Saunders T J,Chaput J-P. Physical activity in children and youth may have greater impact on energy intake than energy expenditure[J]. Journal of Nutrition Education and Behavior,2013,45(1):41-48.

[211] 薛洋. 基于单个加速度传感器的人体运动模式识别[D]. 广州:华南理工大学博士学位论文,2011.

[212] King G A,Torres N,Potter C,et al. Comparison of activity monitors to estimate energy cost of treadmill exercise[J]. Med Sci Sports Exerc,2004,36(7):1244-1251.

附录一 国家学生体质健康标准

（2014年修订）

一、说明

1.《国家学生体质健康标准》（以下简称《标准》）是国家学校教育工作的基础性指导文件和教育质量基本标准，是评价学生综合素质、评估学校工作和衡量各地教育发展的重要依据，是《国家体育锻炼标准》在学校的具体实施，适用于全日制普通小学、初中、普通高中、中等职业学校、普通高等学校的学生。

2. 本标准的修订坚持健康第一，落实《国家中长期教育改革和发展规划纲要（2010—2020年）》《国务院办公厅转发教育部等部门关于进一步加强学校体育工作若干意见的通知》（国办发［2012］53号）和《教育部关于印发〈学生体质健康监测评价办法〉等三个文件的通知》（教体艺［2014］3号）有关要求，着重提高《标准》应用的信度、效度和区分度，着重强化其教育激励、反馈调整和引导锻炼的功能，着重提高其教育监测和绩效评价的支撑能力。

3. 本标准从身体形态、身体机能和身体素质等方面综合评定学生的体质健康水平，是促进学生体质健康发展、激励学生积极进行身体锻炼的教育手段，是国家学生发展核心素养体系和学业质量标准的重要组成部分，是学生体质健康的个体评价标准。

4. 本标准将适用对象划分为以下组别：小学、初中、高中按每个年级为一组，其中小学为6组、初中为3组、高中为3组。大学一、二年级为一组，三、四年级为一组。

5. 小学、初中、高中、大学各组别的测试指标均为必测指标。其中，身体形态类中的身高、体重，身体机能类中的肺活量，以及身体素质类中的50米跑、坐位体前屈为各年级学生共性指标。

6. 本标准的学年总分由标准分与附加分之和构成，满分为120分。标准分由各单项指标得分与权重乘积之和组成,满分为 100 分。附加分根据实测成绩确定,即对成绩超过 100 分的加分指标进行加分,满分为 20 分;小学的加分指标为 1 分钟跳绳,加分幅度为 20 分;初中、高中和大学的加分指标为男生引体向上和 1000 米跑,女生 1 分钟仰卧起坐和 800 米跑,各指标加分幅度均为 10 分。

7. 根据学生学年总分评定等级:90.0 分及以上为优秀,80.0~89.9 分为良好,60.0~79.9 分为及格,59.9 分及以下为不及格。

8. 每个学生每学年评定一次,记入《〈国家学生体质健康标准〉登记卡》(附表 1~6)(表略)。特殊学制的学校,在填写登记卡时可以按规定和需求相应地增减栏目。学生毕业时的成绩和等级,按毕业当年学年总分的 50%与其他学年总分平均得分的 50%之和进行评定。

9. 学生测试成绩评定达到良好及以上者,方可参加评优与评奖;成绩达到优秀者,方可获体育奖学分。测试成绩评定不及格者,在本学年度准予补测一次,补测仍不及格,则学年成绩评定为不及格。普通高中、中等职业学校和普通高等学校学生毕业时,《标准》测试的成绩达不到 50 分者按结业或肄业处理。

10. 学生因病或残疾可向学校提交暂缓或免予执行《标准》的申请,经医疗单位证明,体育教学部门核准,可暂缓或免予执行《标准》,并填写《免予执行〈国家学生体质健康标准〉申请表》(附表 7)(表略),存入学生档案。确实丧失运动能力、被免予执行《标准》的残疾学生,仍可参加评优与评奖,毕业时《标准》成绩需注明免测。

11. 各学校每学年开展覆盖本校各年级学生的《标准》测试工作,《标准》测试数据经当地教育行政部门按要求审核后,通过"中国学生体质健康网"上传至"国家学生体质健康标准数据管理系统"。测试和数据上传时间由教育行政部门确定。

12. 本标准由教育部负责解释。

二、单项指标与权重

测试对象	单项指标	权重(%)
小学一年级至大学四年级	体重指数(BMI)	15
	肺活量	15
小学一、二年级	50米跑	20
	坐位体前屈	30
	1分钟跳绳	20
小学三、四年级	50米跑	20
	坐位体前屈	20
	1分钟跳绳	20
	1分钟仰卧起坐	10
小学五、六年级	50米跑	20
	坐位体前屈	10
	1分钟跳绳	10
	1分钟仰卧起坐	20
	50米×8往返跑	10
初中、高中、大学各年级	50米跑	20
	坐位体前屈	10
	立定跳远	10
	引体向上(男)/1分钟仰卧起坐(女)	10
	1000米跑(男)/800米跑(女)	20

注：体重指数(BMI)=体重(千克)/身高^2(米^2)。

附录一 国家学生体质健康标准(2014年修订)

三、评分表

(一) 单项指标评分表

表 I 男生体重指数(BMI)单项评分表(单位:千克/米²)

等级	单项得分	一年级	二年级	三年级	四年级	五年级	六年级	初一	初二	初三	高一	高二	高三	大学
正常	100	13.5~18.1	13.7~18.4	13.9~19.4	14.2~20.1	14.4~21.4	14.7~21.8	15.5~22.1	15.7~22.5	15.8~22.8	16.5~23.2	16.8~23.7	17.3~23.8	17.9~23.9
低体重	80	≤13.4	≤13.6	≤13.8	≤14.1	≤14.3	≤14.6	≤15.4	≤15.6	≤15.7	≤16.4	≤16.7	≤17.2	≤17.8
超重	80	18.2~20.3	18.5~20.4	19.5~22.1	20.2~22.6	21.5~24.1	21.9~24.5	22.2~24.9	22.6~25.2	22.9~26.0	23.3~26.3	23.8~26.5	23.9~27.3	24.0~27.9
肥胖	60	≥20.4	≥20.5	≥22.2	≥22.7	≥24.2	≥24.6	≥25.0	≥25.3	≥26.1	≥26.4	≥26.6	≥27.4	≥28.0

表 II 女生体重指数(BMI)单项评分表(单位:千克/米²)

等级	单项得分	一年级	二年级	三年级	四年级	五年级	六年级	初一	初二	初三	高一	高二	高三	大学
正常	100	13.3~17.3	13.5~17.8	13.6~18.6	13.7~19.4	13.8~20.5	14.2~20.8	14.8~21.7	15.3~22.2	16.0~22.6	16.5~22.7	16.9~23.2	17.1~23.3	17.2~23.9
低体重	80	≤13.2	≤13.4	≤13.5	≤13.6	≤13.7	≤14.1	≤14.7	≤15.2	≤15.9	≤16.4	≤16.8	≤17.0	≤17.1
超重	80	17.4~19.2	17.9~20.2	18.7~21.1	19.5~22.0	20.6~22.9	20.9~23.6	21.8~24.4	22.3~24.8	22.7~25.1	22.8~25.2	23.3~25.4	23.4~25.7	24.0~27.9
肥胖	60	≥19.3	≥20.3	≥21.2	≥22.1	≥23.0	≥23.7	≥24.5	≥24.9	≥25.2	≥25.3	≥25.5	≥25.8	≥28.0

表Ⅲ 男生肺活量单项评分表(单位：毫升)

等级	单项得分	一年级	二年级	三年级	四年级	五年级	六年级	初一	初二	初三	高一	高二	高三	大一/大二	大三/大四
优秀	100	1700	2000	2300	2600	2900	3200	3640	3940	4240	4540	4740	4940	5040	5140
	95	1600	1900	2200	2500	2800	3100	3520	3820	4120	4420	4620	4820	4920	5020
	90	1500	1800	2100	2400	2700	3000	3400	3700	4000	4300	4500	4700	4800	4900
良好	85	1400	1650	1900	2150	2450	2750	3150	3450	3750	4050	4250	4450	4550	4650
	80	1300	1500	1700	1900	2200	2500	2900	3200	3500	3800	4000	4200	4300	4400
	78	1240	1430	1620	1820	2110	2400	2780	3080	3380	3680	3880	4080	4180	4280
	76	1180	1360	1540	1740	2020	2300	2660	2960	3260	3560	3760	3960	4060	4160
	74	1120	1290	1460	1660	1930	2200	2540	2840	3140	3440	3640	3840	3940	4040
	72	1060	1220	1380	1580	1840	2100	2420	2720	3020	3320	3520	3720	3820	3920
	70	1000	1150	1300	1500	1750	2000	2300	2600	2900	3200	3400	3600	3700	3800
	68	940	1080	1220	1420	1660	1900	2180	2480	2780	3080	3280	3480	3580	3680
	66	880	1010	1140	1340	1570	1800	2060	2360	2660	2960	3160	3360	3460	3560
	64	820	940	1060	1260	1480	1700	1940	2240	2540	2840	3040	3240	3340	3440
	62	760	870	980	1180	1390	1600	1820	2120	2420	2720	2920	3120	3220	3320
及格	60	700	800	900	1100	1300	1500	1700	2000	2300	2600	2800	3000	3100	3200
	50	660	750	840	1030	1220	1410	1600	1890	2180	2470	2660	2850	2940	3030
不及格	40	620	700	780	960	1140	1320	1500	1780	2060	2340	2520	2700	2780	2860
	30	580	650	720	890	1060	1230	1400	1670	1940	2210	2380	2550	2620	2690
	20	540	600	660	820	980	1140	1300	1560	1820	2080	2240	2400	2460	2520
	10	500	550	600	750	900	1050	1200	1450	1700	1950	2100	2250	2300	2350

附录一 国家学生体质健康标准(2014年修订)

表Ⅳ 女生肺活量单项评分表(单位:毫升)

等级	单项得分	一年级	二年级	三年级	四年级	五年级	六年级	初一	初二	初三	高一	高二	高三	大一大二	大三大四
优秀	100	1400	1600	1800	2000	2250	2500	2750	2900	3050	3150	3250	3350	3400	3450
	95	1300	1500	1700	1900	2150	2400	2650	2850	3000	3100	3200	3300	3350	3400
	90	1200	1400	1600	1800	2050	2300	2550	2800	2950	3050	3150	3250	3300	3350
良好	85	1100	1300	1500	1700	1950	2200	2450	2650	2800	2900	3000	3100	3150	3200
	80	1000	1200	1400	1600	1850	2100	2350	2500	2650	2750	2850	2950	3000	3050
及格	78	960	1150	1340	1530	1770	2010	2250	2400	2550	2650	2750	2850	2900	2950
	76	920	1100	1280	1460	1690	1920	2150	2300	2450	2550	2650	2750	2800	2850
	74	880	1050	1220	1390	1610	1830	2050	2200	2350	2450	2550	2650	2700	2750
	72	840	1000	1160	1320	1530	1740	1950	2100	2250	2350	2450	2550	2600	2650
	70	800	950	1100	1250	1450	1650	1850	2000	2150	2250	2350	2450	2500	2550
	68	760	900	1040	1180	1370	1560	1750	1900	2050	2150	2250	2350	2400	2450
	66	720	850	980	1110	1290	1470	1650	1800	1950	2050	2150	2250	2300	2350
	64	680	800	920	1040	1210	1380	1550	1700	1850	1950	2050	2150	2200	2250
	62	640	750	860	970	1130	1290	1450	1600	1750	1850	1950	2050	2100	2150
	60	600	700	800	900	1050	1200	1350	1500	1650	1750	1850	1950	2000	2050
不及格	50	580	680	780	880	1020	1170	1310	1460	1610	1710	1810	1910	1960	2010
	40	560	660	760	860	990	1140	1270	1420	1570	1670	1770	1870	1920	1970
	30	540	640	740	840	960	1110	1230	1380	1530	1630	1730	1830	1880	1930
	20	520	620	720	820	930	1080	1190	1340	1490	1590	1690	1790	1840	1890
	10	500	600	700	800	900	1050	1150	1300	1450	1550	1650	1750	1800	1850

表 V 男生 50 米跑单项评分表 (单位:秒)

等级	单项得分	一年级	二年级	三年级	四年级	五年级	六年级	初一	初二	初三	高一	高二	高三	大一大二	大三大四
优秀	100	10.2	9.6	9.1	8.7	8.4	8.2	7.8	7.5	7.3	7.1	7.0	6.8	6.7	6.6
	95	10.3	9.7	9.2	8.8	8.5	8.3	7.9	7.6	7.4	7.2	7.1	6.9	6.8	6.7
	90	10.4	9.8	9.3	8.9	8.6	8.4	8.0	7.7	7.5	7.3	7.2	7.0	6.9	6.8
	85	10.5	9.9	9.4	9.0	8.7	8.5	8.1	7.8	7.6	7.4	7.3	7.1	7.0	6.9
良好	80	10.6	10.0	9.5	9.1	8.8	8.6	8.2	7.9	7.7	7.5	7.4	7.2	7.1	7.0
	78	10.8	10.2	9.7	9.3	9.0	8.8	8.4	8.1	7.9	7.7	7.6	7.4	7.3	7.2
	76	11.0	10.4	9.9	9.5	9.2	9.0	8.6	8.3	8.1	7.9	7.8	7.6	7.5	7.4
	74	11.2	10.6	10.1	9.7	9.4	9.2	8.8	8.5	8.3	8.1	8.0	7.8	7.7	7.6
	72	11.4	10.8	10.3	9.9	9.6	9.4	9.0	8.7	8.5	8.3	8.2	8.0	7.9	7.8
及格	70	11.6	11.0	10.5	10.1	9.8	9.6	9.2	8.9	8.7	8.5	8.4	8.2	8.1	8.0
	68	11.8	11.2	10.7	10.3	10.0	9.8	9.4	9.1	8.9	8.7	8.6	8.4	8.3	8.2
	66	12.0	11.4	10.9	10.5	10.2	10.0	9.6	9.3	9.1	8.9	8.8	8.6	8.5	8.4
	64	12.2	11.6	11.1	10.7	10.4	10.2	9.8	9.5	9.3	9.1	9.0	8.8	8.7	8.6
	62	12.4	11.8	11.3	10.9	10.6	10.4	10.0	9.7	9.5	9.3	9.2	9.0	8.9	8.8
	60	12.6	12.0	11.5	11.1	10.8	10.6	10.2	9.9	9.7	9.5	9.4	9.2	9.1	9.0
不及格	50	12.8	12.2	11.7	11.3	11.0	10.8	10.4	10.1	9.9	9.7	9.6	9.4	9.3	9.2
	40	13.0	12.4	11.9	11.5	11.2	11.0	10.6	10.3	10.1	9.9	9.8	9.6	9.5	9.4
	30	13.2	12.6	12.1	11.7	11.4	11.2	10.8	10.5	10.3	10.1	10.0	9.8	9.7	9.6
	20	13.4	12.8	12.3	11.9	11.6	11.4	11.0	10.7	10.5	10.3	10.2	10.0	9.9	9.8
	10	13.6	13.0	12.5	12.1	11.8	11.6	11.2	10.9	10.7	10.5	10.4	10.2	10.1	10.0

附录一 国家学生体质健康标准(2014年修订)

表VI 女生50米跑单项评分表(单位:秒)

等级	单项得分	一年级	二年级	三年级	四年级	五年级	六年级	初一	初二	初三	高一	高二	高三	大一大二	大三大四
优秀	100	11.0	10.0	9.2	8.7	8.3	8.2	8.1	8.0	7.9	7.8	7.7	7.6	7.5	7.4
	95	11.1	10.1	9.3	8.8	8.4	8.3	8.2	8.1	8.0	7.9	7.8	7.7	7.6	7.5
	90	11.2	10.2	9.4	8.9	8.5	8.4	8.3	8.2	8.1	8.0	7.9	7.8	7.7	7.6
良好	85	11.5	10.5	9.7	9.2	8.8	8.7	8.6	8.5	8.4	8.3	8.2	8.1	8.0	7.9
	80	11.8	10.8	10.0	9.5	9.1	9.0	8.9	8.8	8.7	8.6	8.5	8.4	8.3	8.2
及格	78	12.0	11.0	10.2	9.7	9.3	9.2	9.1	9.0	8.9	8.8	8.7	8.6	8.5	8.4
	76	12.2	11.2	10.4	9.9	9.5	9.4	9.3	9.2	9.1	9.0	8.9	8.8	8.7	8.6
	74	12.4	11.4	10.6	10.1	9.7	9.6	9.5	9.4	9.3	9.2	9.1	9.0	8.9	8.8
	72	12.6	11.6	10.8	10.3	9.9	9.8	9.7	9.6	9.5	9.4	9.3	9.2	9.1	9.0
	70	12.8	11.8	11.0	10.5	10.1	10.0	9.9	9.8	9.7	9.6	9.5	9.4	9.3	9.2
	68	13.0	12.0	11.2	10.7	10.3	10.2	10.1	10.0	9.9	9.8	9.7	9.6	9.5	9.4
	66	13.2	12.2	11.4	10.9	10.5	10.4	10.3	10.2	10.1	10.0	9.9	9.8	9.7	9.6
	64	13.4	12.4	11.6	11.1	10.7	10.6	10.5	10.4	10.3	10.2	10.1	10.0	9.9	9.8
	62	13.6	12.6	11.8	11.3	10.9	10.8	10.7	10.6	10.5	10.4	10.3	10.2	10.1	10.0
	60	13.8	12.8	12.0	11.5	11.1	11.0	10.9	10.8	10.7	10.6	10.5	10.4	10.3	10.2
不及格	50	14.0	13.0	12.2	11.7	11.3	11.2	11.1	11.0	10.9	10.8	10.7	10.6	10.5	10.4
	40	14.2	13.2	12.4	11.9	11.5	11.4	11.3	11.2	11.1	11.0	10.9	10.8	10.7	10.6
	30	14.4	13.4	12.6	12.1	11.7	11.6	11.5	11.4	11.3	11.2	11.1	11.0	10.9	10.8
	20	14.6	13.6	12.8	12.3	11.9	11.8	11.7	11.6	11.5	11.4	11.3	11.2	11.1	11.0
	10	14.8	13.8	13.0	12.5	12.1	12.0	11.9	11.8	11.7	11.6	11.5	11.4	11.3	11.2

表Ⅶ 男生坐位体前屈单项评分表（单位：厘米）

等级	单项得分	一年级	二年级	三年级	四年级	五年级	六年级	初一	初二	初三	高一	高二	高三	大一大二	大三大四
优秀	100	16.1	16.2	16.3	16.4	16.5	16.6	17.6	19.6	21.6	23.6	24.3	24.6	24.9	25.1
	95	14.6	14.7	14.9	15.0	15.2	15.3	15.9	17.7	19.7	21.5	22.4	22.8	23.1	23.3
	90	13.0	13.2	13.4	13.6	13.8	14.0	14.2	15.8	17.8	19.4	20.5	21.0	21.3	21.5
良好	85	12.0	11.9	11.8	11.7	11.6	11.5	12.3	13.7	15.8	17.2	18.3	19.1	19.5	19.9
	80	11.0	10.6	10.2	9.8	9.4	9.0	10.4	11.6	13.8	15.0	16.1	17.2	17.7	18.2
及格	78	9.9	9.5	9.1	8.6	8.2	7.7	9.1	10.3	12.4	13.6	14.7	15.8	16.3	16.8
	76	8.8	8.4	8.0	7.4	7.0	6.4	7.8	9.0	11.0	12.2	13.3	14.4	14.9	15.4
	74	7.7	7.3	6.9	6.2	5.8	5.1	6.5	7.7	9.6	10.8	11.9	13.0	13.5	14.0
	72	6.6	6.2	5.8	5.0	4.6	3.8	5.2	6.4	8.2	9.4	10.5	11.6	12.1	12.6
	70	5.5	5.1	4.7	3.8	3.4	2.5	3.9	5.1	6.8	8.0	9.1	10.2	10.7	11.2
	68	4.4	4.0	3.6	2.6	2.2	1.2	2.6	3.8	5.4	6.6	7.7	8.8	9.3	9.8
	66	3.3	2.9	2.5	1.4	1.0	−0.1	1.3	2.5	4.0	5.2	6.3	7.4	7.9	8.4
	64	2.2	1.8	1.4	0.2	−0.2	−1.4	0.0	1.2	2.6	3.8	4.9	6.0	6.5	7.0
	62	1.1	0.7	0.3	−1.0	−1.4	−2.7	−1.3	−0.1	1.2	2.4	3.5	4.6	5.1	5.6
	60	0.0	−0.4	−0.8	−2.2	−2.6	−4.0	−2.6	−1.4	−0.2	1.0	2.1	3.2	3.7	4.2
不及格	50	−0.8	−1.2	−1.6	−3.2	−3.6	−5.0	−3.8	−2.6	−1.4	0.0	1.1	2.2	2.7	3.2
	40	−1.6	−2.0	−2.4	−4.2	−4.6	−6.0	−5.0	−3.8	−2.6	−1.0	0.1	1.2	1.7	2.2
	30	−2.4	−2.8	−3.2	−5.2	−5.6	−7.0	−6.2	−5.0	−3.8	−2.0	−0.9	0.2	0.7	1.2
	20	−3.2	−3.6	−4.0	−6.2	−6.6	−8.0	−7.4	−6.2	−5.0	−3.0	−1.9	−0.8	−0.3	0.2
	10	−4.0	−4.4	−4.8	−7.2	−7.6	−9.0	−8.6	−7.4	−6.2	−4.0	−2.9	−1.8	−1.3	−0.8

附录一　国家学生体质健康标准(2014年修订)

表VIII 女生坐位体前屈单项评分表（单位：厘米）

等级	单项得分	一年级	二年级	三年级	四年级	五年级	六年级	初一	初二	初三	高一	高二	高三	大一大二	大三大四
优秀	100	18.6	18.9	19.2	19.5	19.8	19.9	21.8	22.7	23.5	24.2	24.8	25.3	25.8	26.3
	95	17.3	17.6	17.9	18.1	18.5	18.7	20.1	21.0	21.8	22.5	23.1	23.6	24.0	24.4
	90	16.0	16.3	16.6	16.9	17.2	17.5	18.4	19.3	20.1	20.8	21.4	21.9	22.2	22.4
良好	85	14.7	14.8	14.9	15.0	15.1	15.2	16.7	17.6	18.4	19.1	19.7	20.2	20.6	21.0
	80	13.4	13.3	13.2	13.1	13.0	12.9	15.0	15.9	16.7	17.4	18.0	18.5	19.0	19.5
及格	78	12.3	12.2	12.1	12.0	11.9	11.8	13.7	14.6	15.4	16.1	16.7	17.2	17.7	18.2
	76	11.2	11.1	11.0	10.9	10.8	10.7	12.4	13.3	14.1	14.8	15.4	15.9	16.4	16.9
	74	10.1	10.0	9.9	9.8	9.7	9.6	11.1	12.0	12.8	13.5	14.1	14.6	15.1	15.6
	72	9.0	8.9	8.8	8.7	8.6	8.5	9.8	10.7	11.5	12.2	12.8	13.3	13.8	14.3
	70	7.9	7.8	7.7	7.6	7.5	7.4	8.5	9.4	10.2	10.9	11.5	12.0	12.5	13.0
	68	6.8	6.7	6.6	6.5	5.4	6.3	7.2	8.1	8.9	9.6	10.2	10.7	11.2	11.7
	66	5.7	5.6	5.5	5.4	5.3	5.2	5.9	6.8	7.6	8.3	8.9	9.4	9.9	10.4
	64	4.6	4.5	4.4	4.3	4.2	4.1	4.6	5.5	6.3	7.0	7.6	8.1	8.6	9.1
	62	3.5	3.4	3.3	3.2	3.1	3.0	3.3	4.2	5.0	5.7	6.3	6.8	7.3	7.8
	60	2.4	2.3	2.2	2.1	2.0	1.9	2.0	2.9	3.7	4.4	5.0	5.5	6.0	6.5
不及格	50	1.6	1.5	1.4	1.3	1.2	1.1	1.2	2.1	2.9	3.6	4.2	4.7	5.2	5.7
	40	0.8	0.7	0.6	0.5	0.4	0.3	0.4	1.3	2.1	2.8	3.4	3.9	4.4	4.9
	30	0.0	−0.1	−0.2	−0.3	−0.4	−0.5	−0.4	0.5	1.3	2.0	2.6	3.1	3.6	4.1
	20	−0.8	−0.9	−1.0	−1.1	−1.2	−1.3	−1.2	−0.3	0.5	1.2	1.8	2.3	2.8	3.3
	10	−1.6	−1.7	−1.8	−1.9	−2.0	−2.1	−2.0	−1.1	−0.3	0.4	1.0	1.5	2.0	2.5

表Ⅸ 男生一分钟跳绳单项评分表（单位：次）

等级	单项得分	一年级	二年级	三年级	四年级	五年级	六年级
优秀	100	109	117	126	137	148	157
	95	104	112	121	132	143	152
	90	**99**	**107**	**116**	**127**	**138**	**147**
良好	85	93	101	110	121	132	141
	80	**87**	**95**	**104**	**115**	**126**	**135**
	78	80	88	97	108	119	128
	76	73	81	90	101	112	121
	74	66	74	83	94	105	114
	72	59	67	76	87	98	107
及格	70	52	60	69	80	91	100
	68	45	53	62	73	84	93
	66	38	46	55	66	77	86
	64	31	39	48	59	70	79
	62	24	32	41	52	63	72
	60	**17**	**25**	**34**	**45**	**56**	**65**
不及格	50	14	22	31	42	53	62
	40	11	19	28	39	50	59
	30	8	16	25	36	47	56
	20	5	13	22	33	44	53
	10	2	10	19	30	41	50

附录一　国家学生体质健康标准(2014年修订)

表X　女生一分钟跳绳单项评分表(单位:次)

等级	单项得分	一年级	二年级	三年级	四年级	五年级	六年级
优秀	100	117	127	139	149	158	166
	95	110	120	132	142	151	159
	90	103	113	125	135	144	152
良好	85	95	105	117	127	136	144
	80	87	97	109	119	128	136
及格	78	80	90	102	112	121	129
	76	73	83	95	105	114	122
	74	66	76	88	98	107	115
	72	59	69	81	91	100	108
	70	52	62	74	84	93	101
	68	45	55	67	77	86	94
	66	38	48	60	70	79	87
	64	31	41	53	63	72	80
	62	24	34	46	56	65	73
	60	17	27	39	49	58	66
不及格	50	14	24	36	46	55	63
	40	11	21	33	43	52	60
	30	8	18	30	40	49	57
	20	5	15	27	37	46	54
	10	2	12	24	34	43	51

表XI 男生立定跳远单项评分表（单位：厘米）

等级	单项得分	初一	初二	初三	高一	高二	高三	大一大二	大三大四
优秀	100	225	240	250	260	265	270	273	275
	95	218	233	245	255	260	265	268	270
	90	211	226	240	250	255	260	263	265
	85	203	218	233	243	248	253	256	258
良好	80	195	210	225	235	240	245	248	250
	78	191	206	221	231	236	241	244	246
	76	187	202	217	227	232	237	240	242
	74	183	198	213	223	228	233	236	238
	72	179	194	209	219	224	229	232	234
	70	175	190	205	215	220	225	228	230
	68	171	186	201	211	216	221	224	226
及格	66	167	182	197	207	212	217	220	222
	64	163	178	193	203	208	213	216	218
	62	159	174	189	199	204	209	212	214
	60	155	170	185	195	200	205	208	210
不及格	50	150	165	180	190	195	200	203	205
	40	145	160	175	185	190	195	198	200
	30	140	155	170	180	185	190	193	195
	20	135	150	165	175	180	185	188	190
	10	130	145	160	170	175	180	183	185

附录一 国家学生体质健康标准(2014年修订)

表XII 女生立定跳远单项评分表(单位:厘米)

等级	单项得分	初一	初二	初三	高一	高二	高三	大一大二	大三大四
优秀	100	196	200	202	204	205	206	207	208
	95	190	194	196	198	199	200	201	202
	90	184	188	190	192	193	194	195	196
良好	85	177	181	183	185	186	187	188	189
	80	170	174	176	178	179	180	181	182
及格	78	167	171	173	175	176	177	178	179
	76	164	168	170	172	173	174	175	176
	74	161	165	167	169	170	171	172	173
	72	158	162	164	166	167	168	169	170
	70	155	159	161	163	164	165	166	167
	68	152	156	158	160	161	162	163	164
	66	149	153	155	157	158	159	160	161
	64	146	150	152	154	155	156	157	158
	62	143	147	149	151	152	153	154	155
	60	140	144	146	148	149	150	151	152
不及格	50	135	139	141	143	144	145	146	147
	40	130	134	136	138	139	140	141	142
	30	125	129	131	133	134	135	136	137
	20	120	124	126	128	129	130	131	132
	10	115	119	121	123	124	125	126	127

表XIII 男生一分钟仰卧起坐、引体向上单项评分表（单位：次）

等级	单项得分	三年级	四年级	五年级	六年级	初一	初二	初三	高一	高二	高三	大一	大二	大三	大四
优秀	100	48	49	50	51	13	14	15	16	17	18	19	20		
	95	45	46	47	48	12	13	14	15	16	17	18	19		
	90	**42**	**43**	**44**	**45**	**11**	**12**	**13**	**14**	**15**	**16**	**17**	**18**		
良好	85	39	40	41	42	10	11	12	13	14	15	16	17		
	80	**36**	**37**	**38**	**39**	**9**	**10**	**11**	**12**	**13**	**14**	**15**	**16**		
	78	34	35	36	37										
	76	32	33	34	35	8	9	10	11	12	13	14	15		
	74	30	31	32	33										
	72	28	29	30	31	7	8	9	10	11	12	13	14		
及格	70	26	27	28	29										
	68	24	25	26	27	6	7	8	9	10	11	12	13		
	66	22	23	24	25										
	64	20	21	22	23	5	6	7	8	9	10	11	12		
	62	18	19	20	21										
	60	**16**	**17**	**18**	**19**	**4**	**5**	**6**	**7**	**8**	**9**	**10**	**11**		
不及格	50	14	15	16	17	3	4	5	6	7	8	9	10		
	40	12	13	14	15	2	3	4	5	6	7	8	9		
	30	10	11	12	13	1	2	3	4	5	6	7	8		
	20	8	9	10	11		1	2	3	4	5	6	7		
	10	6	7	8	9			1	2	3	4	5	6		

注：小学三年级～六年级：一分钟仰卧起坐；初中、高中、大学：引体向上。

附录一　国家学生体质健康标准(2014年修订)

表XIV　女生一分钟仰卧起坐单项评分表（单位：次）

等级	单项得分	三年级	四年级	五年级	六年级	初一	初二	初三	高一	高二	高三	大一 大二	大三 大四
优秀	100	46	47	48	49	50	51	52	53	54	55	56	57
	95	44	45	46	47	48	49	50	51	52	53	54	55
良好	90	42	43	44	45	46	47	48	49	50	51	52	53
	85	39	40	41	42	43	44	45	46	47	48	49	50
	80	36	37	38	39	40	41	42	43	44	45	46	47
	78	34	35	36	37	38	39	40	41	42	43	44	45
	76	32	33	34	35	36	37	38	39	40	41	42	43
	74	30	31	32	33	34	35	36	37	38	39	40	41
	72	28	29	30	31	32	33	34	35	36	37	38	39
	70	26	27	28	29	30	31	32	33	34	35	36	37
及格	68	24	25	26	27	28	29	30	31	32	33	34	35
	66	22	23	24	25	26	27	28	29	30	31	32	33
	64	20	21	22	23	24	25	26	27	28	29	30	31
	62	18	19	20	21	22	23	24	25	26	27	28	29
	60	16	17	18	19	20	21	22	23	24	25	26	27
不及格	50	14	15	16	17	18	19	20	21	22	23	24	25
	40	12	13	14	15	16	17	18	19	20	21	22	23
	30	10	11	12	13	14	15	16	17	18	19	20	21
	20	8	9	10	11	12	13	14	15	16	17	18	19
	10	6	7	8	9	10	11	12	13	14	15	16	17

表 XV 男生耐力跑单项评分表（单位：分·秒）

等级		单项得分	五年级	六年级	初一	初二	初三	高一	高二	高三	大一、大二	大三、大四
优秀		100	1'36"	1'30"	3'55"	3'50"	3'40"	3'30"	3'25"	3'20"	3'17"	3'15"
		95	1'39"	1'33"	4'05"	3'55"	3'45"	3'35"	3'30"	3'25"	3'22"	3'20"
		90	1'42"	1'36"	4'15"	4'00"	3'50"	3'40"	3'35"	3'30"	3'27"	3'25"
良好		85	1'45"	1'39"	4'22"	4'07"	3'57"	3'47"	3'42"	3'37"	3'34"	3'32"
		80	1'48"	1'42"	4'30"	4'15"	4'05"	3'55"	3'50"	3'45"	3'42"	3'40"
		78	1'51"	1'45"	4'35"	4'20"	4'10"	4'00"	3'55"	3'50"	3'47"	3'45"
		76	1'54"	1'48"	4'40"	4'25"	4'15"	4'05"	4'00"	3'55"	3'52"	3'50"
		74	1'57"	1'51"	4'45"	4'30"	4'20"	4'10"	4'05"	4'00"	3'57"	3'55"
		72	2'00"	1'54"	4'50"	4'35"	4'25"	4'15"	4'10"	4'05"	4'02"	4'00"
及格		70	2'03"	1'57"	4'55"	4'40"	4'30"	4'20"	4'15"	4'10"	4'07"	4'05"
		68	2'06"	2'00"	5'00"	4'45"	4'35"	4'25"	4'20"	4'15"	4'12"	4'10"
		66	2'09"	2'03"	5'05"	4'50"	4'40"	4'30"	4'25"	4'20"	4'17"	4'15"
		64	2'12"	2'06"	5'10"	4'55"	4'45"	4'35"	4'30"	4'25"	4'22"	4'20"
		62	2'15"	2'09"	5'15"	5'00"	4'50"	4'40"	4'35"	4'30"	4'27"	4'25"
		60	2'18"	2'12"	5'20"	5'05"	4'55"	4'45"	4'40"	4'35"	4'32"	4'30"
不及格		50	2'22"	2'16"	5'40"	5'25"	5'15"	5'05"	5'00"	4'55"	4'52"	4'50"
		40	2'26"	2'20"	6'00"	5'45"	5'35"	5'25"	5'20"	5'15"	5'12"	5'10"
		30	2'30"	2'24"	6'20"	6'05"	5'55"	5'45"	5'40"	5'35"	5'32"	5'30"
		20	2'34"	2'28"	6'40"	6'25"	6'15"	6'05"	6'00"	5'55"	5'52"	5'50"
		10	2'38"	2'32"	7'00"	6'45"	6'35"	6'25"	6'20"	6'15"	6'12"	6'10"

注：小学五年级～六年级：50 米×8 往返跑；初中、高中、大学：1000 米跑。

附录一 国家学生体质健康标准(2014年修订)

表XVI 女生耐力跑单项评分表(单位:分·秒)

等级	单项得分	五年级	六年级	初一	初二	初三	高一	高二	高三	大一大二	大三大四
优秀	100	1'41"	1'37"	3'35"	3'30"	3'25"	3'24"	3'22"	3'20"	3'18"	3'16"
	95	1'44"	1'40"	3'42"	3'37"	3'32"	3'30"	3'28"	3'26"	3'24"	3'22"
	90	1'47"	1'43"	3'49"	3'44"	3'39"	3'36"	3'34"	3'32"	3'30"	3'28"
良好	85	1'50"	1'46"	3'57"	3'52"	3'47"	3'43"	3'41"	3'39"	3'37"	3'35"
	80	1'53"	1'49"	4'05"	4'00"	3'55"	3'50"	3'48"	3'46"	3'44"	3'42"
及格	78	1'56"	1'52"	4'10"	4'05"	4'00"	3'55"	3'53"	3'51"	3'49"	3'47"
	76	1'59"	1'55"	4'15"	4'10"	4'05"	4'00"	3'58"	3'56"	3'54"	3'52"
	74	2'02"	1'58"	4'20"	4'15"	4'10"	4'05"	4'03"	4'01"	3'59"	3'57"
	72	2'05"	2'01"	4'25"	4'20"	4'15"	4'10"	4'08"	4'06"	4'04"	4'02"
	70	2'08"	2'04"	4'30"	4'25"	4'20"	4'15"	4'13"	4'11"	4'09"	4'07"
	68	2'11"	2'07"	4'35"	4'30"	4'25"	4'20"	4'18"	4'16"	4'14"	4'12"
	66	2'14"	2'10"	4'40"	4'35"	4'30"	4'25"	4'23"	4'21"	4'19"	4'17"
	64	2'17"	2'13"	4'45"	4'40"	4'35"	4'30"	4'28"	4'26"	4'24"	4'22"
	62	2'20"	2'16"	4'50"	4'45"	4'40"	4'35"	4'33"	4'31"	4'29"	4'27"
	60	2'23"	2'19"	4'55"	4'50"	4'45"	4'40"	4'38"	4'36"	4'34"	4'32"
不及格	50	2'27"	2'23"	5'05"	5'00"	4'55"	4'50"	4'48"	4'46"	4'44"	4'42"
	40	2'31"	2'27"	5'15"	5'10"	5'05"	5'00"	4'58"	4'56"	4'54"	4'52"
	30	2'35"	2'31"	5'25"	5'20"	5'15"	5'10"	5'08"	5'06"	5'04"	5'02"
	20	2'39"	2'35"	5'35"	5'30"	5'25"	5'20"	5'18"	5'16"	5'14"	5'12"
	10	2'43"	2'39"	5'45"	5'40"	5'35"	5'30"	5'28"	5'26"	5'24"	5'22"

注:小学五年级~六年级:50米×8往返跑;初中、高中、大学:800米跑。

(二)加分指标评分表

表 I 男生一分钟跳绳评分表(单位:次)

加分	一年级	二年级	三年级	四年级	五年级	六年级
20	40	40	40	40	40	40
19	38	38	38	38	38	38
18	36	36	36	36	36	36
17	34	34	34	34	34	34
16	32	32	32	32	32	32
15	30	30	30	30	30	30
14	28	28	28	28	28	28
13	26	26	26	26	26	26
12	24	24	24	24	24	24
11	22	22	22	22	22	22
10	20	20	20	20	20	20
9	18	18	18	18	18	18
8	16	16	16	16	16	16
7	14	14	14	14	14	14
6	12	12	12	12	12	12
5	10	10	10	10	10	10
4	8	8	8	8	8	8
3	6	6	6	6	6	6
2	4	4	4	4	4	4
1	2	2	2	2	2	2

注:一分钟跳绳为高优指标,学生成绩超过单项评分100分后,以超过的次数所对应的分数进行加分。

表Ⅱ 女生一分钟跳绳评分表(单位:次)

加分	一年级	二年级	三年级	四年级	五年级	六年级
20	40	40	40	40	40	40
19	38	38	38	38	38	38
18	36	36	36	36	36	36
17	34	34	34	34	34	34
16	32	32	32	32	32	32
15	30	30	30	30	30	30
14	28	28	28	28	28	28
13	26	26	26	26	26	26
12	24	24	24	24	24	24
11	22	22	22	22	22	22
10	20	20	20	20	20	20
9	18	18	18	18	18	18
8	16	16	16	16	16	16
7	14	14	14	14	14	14
6	12	12	12	12	12	12
5	10	10	10	10	10	10
4	8	8	8	8	8	8
3	6	6	6	6	6	6
2	4	4	4	4	4	4
1	2	2	2	2	2	2

注:一分钟跳绳为高优指标,学生成绩超过单项评分100分后,以超过的次数所对应的分数进行加分。

表Ⅲ 男生引体向上评分表(单位:次)

加分	初一	初二	初三	高一	高二	高三	大一大二	大三大四
10	10	10	10	10	10	10	10	10
9	9	9	9	9	9	9	9	9
8	8	8	8	8	8	8	8	8
7	7	7	7	7	7	7	7	7
6	6	6	6	6	6	6	6	6
5	5	5	5	5	5	5	5	5
4	4	4	4	4	4	4	4	4
3	3	3	3	3	3	3	3	3
2	2	2	2	2	2	2	2	2
1	1	1	1	1	1	1	1	1

表Ⅳ 女生一分钟仰卧起坐评分表(单位:次)

加分	初一	初二	初三	高一	高二	高三	大一大二	大三大四
10	13	13	13	13	13	13	13	13
9	12	12	12	12	12	12	12	12
8	11	11	11	11	11	11	11	11
7	10	10	10	10	10	10	10	10
6	9	9	9	9	9	9	9	9
5	8	8	8	8	8	8	8	8
4	7	7	7	7	7	7	7	7
3	6	6	6	6	6	6	6	6
2	4	4	4	4	4	4	4	4
1	2	2	2	2	2	2	2	2

注:引体向上、一分钟仰卧起坐均为高优指标,学生成绩超过单项评分100分后,以超过的次数所对应的分数进行加分。

附录一 国家学生体质健康标准(2014年修订)

表 V 男生 1000 米跑评分表(单位:分·秒)

加分	初一	初二	初三	高一	高二	高三	大一大二	大三大四
10	−35″	−35″	−35″	−35″	−35″	−35″	−35″	−35″
9	−32″	−32″	−32″	−32″	−32″	−32″	−32″	−32″
8	−29″	−29″	−29″	−29″	−29″	−29″	−29″	−29″
7	−26″	−26″	−26″	−26″	−26″	−26″	−26″	−26″
6	−23″	−23″	−23″	−23″	−23″	−23″	−23″	−23″
5	−20″	−20″	−20″	−20″	−20″	−20″	−20″	−20″
4	−16″	−16″	−16″	−16″	−16″	−16″	−16″	−16″
3	−12″	−12″	−12″	−12″	−12″	−12″	−12″	−12″
2	−8″	−8″	−8″	−8″	−8″	−8″	−8″	−8″
1	−4″	−4″	−4″	−4″	−4″	−4″	−4″	−4″

表 VI 女生 800 米跑评分表(单位:分·秒)

加分	初一	初二	初三	高一	高二	高三	大一大二	大三大四
10	−50″	−50″	−50″	−50″	−50″	−50″	−50″	−50″
9	−45″	−45″	−45″	−45″	−45″	−45″	−45″	−45″
8	−40″	−40″	−40″	−40″	−40″	−40″	−40″	−40″
7	−35″	−35″	−35″	−35″	−35″	−35″	−35″	−35″
6	−30″	−30″	−30″	−30″	−30″	−30″	−30″	−30″
5	−25″	−25″	−25″	−25″	−25″	−25″	−25″	−25″
4	−20″	−20″	−20″	−20″	−20″	−20″	−20″	−20″
3	−15″	−15″	−15″	−15″	−15″	−15″	−15″	−15″
2	−10″	−10″	−10″	−10″	−10″	−10″	−10″	−10″
1	−5″	−5″	−5″	−5″	−5″	−5″	−5″	−5″

注:1000 米跑、800 米跑均为低优指标,学生成绩高于单项评分 100 分后,以减少的秒数所对应的分数进行加分。

附录二 学生体质现状问卷调查表

亲爱的同学：

你好！为了了解青少年学生参加日常体育锻炼对体质健康的影响，特设计了本问卷调查。请根据你自己的情况和看法回答以下问题，在相应的□中划"√"。请不要有所顾虑，问卷的结果只作为团体统计使用，不对个人作评价。感谢你的支持和参与！

湖北省教育厅重点研究项目课题组

姓名：_____ 出生：___年___月 性别：男□ 女□

就读学校：_____

家庭所在地：中心城区□ 郊区□ 乡村(镇)□

一、现状

1. 我对体育的喜欢程度是：
   ①很喜欢□ ②较喜欢□ ③一般□ ④较不喜欢□ ⑤很不喜欢□

2. 体育是现代人学习生活中不可缺少的一部分。我的意见是：
   ①非常赞成□ ②赞成□ ③不确定□ ④不赞成□ ⑤一点不赞成□

3. 除了体育课外，我每天在校参加其他体育锻炼时间是：
   ①不参加□ ②0.5 小时以内□ ③0.5~1 小时□
   ④1~1.5 小时□ ⑤1.5~2 小时□ ⑥2 小时以上□

4. 参加体育锻炼对我提高学习效率很有帮助：
   ①非常赞成□ ②赞成□ ③不确定□ ④不赞成□ ⑤一点不赞成□

5. 只要隔几天不锻炼身体，我就会产生想运动的欲望：
   ①非常赞成□ ②赞成□ ③不确定□ ④不赞成□ ⑤一点不赞成□

6. 学校组织各种类型的体育比赛的频率：
   ①很频繁□　②较频繁□　③一般□　④基本不组织□　⑤从不组织□

7. 我所在学校（班级）安排的体育活动被文化课教师或其他活动占用的情况是：
   ①经常占用□
   ②较多占用□
   ③部分占用□
   ④很少占用□
   ⑤从不占用□

   如果选择①或②，请问有多少次？
   ①1~2次□
   ②3~4次□
   ③5~6次□
   ④7次或7次以上□

8. 我每次参加课外体育锻炼活动的情况是：
   ①很认真　□
   ②比较认真□
   ③一般　□
   ④不太认真□
   ⑤敷衍了事□

   如果选择④或⑤，请问原因是：（可多选）
   ①单调、机械重复，没有兴趣□
   ②被迫参加，完成任务而已□
   ③运动量太小，没有锻炼价值□
   ④其他（请填写）

9. 我所在学校组织学生体质健康测试的状况：
   ①很严格□　②比较严格□　③一般□　④不太严格□　⑤很不严格□

10. 我在校参加各种类型的体育比赛的次数：
    ①不参加□　②1次□　③2~3次□　④4次或4次以上□

11. 学校开展课间操（或大课间活动）的形式是：
    ①全校统一做广播操□　②全校统一跳集体舞□　③个人自由活动□
    ④全年级统一做广播操□　⑤全年级统一跳集体舞□　⑥以班为单位、内容轮换□
    ⑦全校统一做武术操□　⑧年级有固定项目□　⑨其他□＿＿＿＿＿＿

12. 我每次参加早操的情况是：
    ①很认真　□
    ②比较认真□
    ③一般　□
    ④不太认真□
    ⑤敷衍了事□

    如果选择④或⑤，请问原因是：（可多选）
    ①单调、机械重复，没有兴趣□
    ②被迫参加，完成任务而已□
    ③运动量太小，没有锻炼价值□
    ④其他（请填写）

13. 我在体育课里学到的身体锻炼的方法对我参加课外体育锻炼来说是：
    ①很有用□　②比较有用□　③有一定用处□　④不太有用□　⑤根本没用□

14. 在课间休息时,我经常度过的方式是:(限选 2 项)
    ①抓紧时间完成作业☐　　②休息(喝水、上洗手间)☐　　③与同学聊天、打闹☐
    ④参加体育活动☐　　　　⑤与同学讨论问题☐　　　　　⑥找老师答疑☐
    ⑦买零食、饮料☐　　　　⑧看娱乐书籍、听音乐☐　　　⑨老师拖堂☐
    ⑩其他☐(请填写)_____

15. 业余时间,我经常度过的方式是:(限选 2 项)
    ①抓紧时间完成作业☐　　②休息☐　　　　　　　　　　③与同学聊天、打闹☐
    ④参加体育活动☐　　　　⑤与同学讨论问题☐　　　　　⑥找老师答疑☐
    ⑦买零食、饮料☐　　　　⑧看娱乐书籍、听音乐☐　　　⑨校内(校外)散步☐
    ⑩其他☐(请填写)_____

16. 每天上完课之后,我回到家(宿舍)要做的第一件事是:
    ①参加体育活动☐　　②上网、打游戏☐　　③参加其他辅导班☐
    ④做作业☐　　　　　⑤看电视☐　　　　　⑥其他☐(请填写)_____

17. 班主任(辅导员)对我们参加体育活动的态度是:
    ①很关心☐　　　②比较关心☐　　③无所谓☐
    ④不太关心☐　　⑤很不关心☐

18. 我对用于体育方面的消费感到:
    ①非常值得☐　　②比较值得☐　　③一般☐
    ④有点不值得☐　⑤一点不值得☐

19. 我在体育方面的消费用于:(可多选)
    ①没有消费☐　　　　　　②购买体育器材☐　　③购买体育服装☐
    ④购买体育报刊书籍☐　　⑤购买比赛门票☐　　⑥交纳体育特长培训费☐
    ⑦交纳收费场地的入场费☐　⑧购买体育彩票☐　　⑨其他☐(请填写)_____

20. 我用在体育方面的消费大约是:(包括租用场地、进场费、体育服装、器械、书籍、光碟及比赛门票等)
    ①没有消费☐　　　②1～100 元☐　　　③101～200 元☐
    ④201～300 元☐　　⑤301～400 元☐　　⑥401～500 元☐　　⑦500 元以上☐

21. 我所在学校体育场地、器材：
   ①完全能满足需要 □
   ②比较好地满足需要 □
   ③基本能满足需要 □
   ④不太能满足需要 □
   ⑤根本不能满足需要 □

   如果选择④或⑤，请问原因是：(可多选)
   ①场地太小、太少 □
   ②场地质量太差 □
   ③器材数量不够 □
   ④器材质量太差 □
   ⑤能开展的项目太少 □
   ⑥使用不方便 □
   ⑦其他 □ (请填写) _____

22. 家庭对我最担忧的是：(限选 2 项)
   ①迷恋网络 □   ②偏食 □   ③不爱锻炼 □
   ④生活不能自理 □   ⑤不爱学习 □   ⑥其他(请填写)_____

23. 从周一到周五期间的情况：

(1) 我每天学习的时间通常为：	①不到 1 小时 □ ③2～3 小时 □ ⑤4 小时以上 □	②1～2 小时 □ ④3～4 小时 □
(2) 我每天参加体育活动的时间通常为：	①0 分钟 □ ③31～60 分钟 □ ⑤1.5～2 小时 □	②1～30 分钟 □ ④1～1.5 小时 □ ⑥2 小时以上 □
(3) 我每天的睡眠时间为：	①6 小时以下 □ ③7 小时 □ ⑤9 小时 □	②6 小时 □ ④8 小时 □

24. 周六、周日或者假期里的情况：

(1) 我每天学习时间通常为：	①不到 1 小时 □ ③2～3 小时 □ ⑤4 小时以上 □	②1～2 小时 □ ④3～4 小时 □
(2) 我每天参加体育活动的时间通常为：	①0 分钟 □ ③31～60 分钟 □ ⑤1.5～2 小时 □	②1～30 分钟 □ ④1～1.5 小时 □ ⑥2 小时以上 □

25. 我在校外参加体育锻炼：
　　①经常参加☐
　　②偶尔参加☐
　　③不能肯定☐
　　④很少参加☐
　　⑤从不参加☐

如果选择①或②，请继续回答下列问题：

A. 我在校外采用的身体锻炼方法主要来自于：
①没有方法☐　②体育课里老师的传授☐　③校内的体育宣传栏(窗)☐
④社区的体育宣传栏(窗)☐　⑤电视(广播)☐　⑥专门网站☐　⑦其他☐

B. 在去锻炼场所时路上需要花费的时间是：
①不需要☐　　　　②15分钟左右☐　　　③30分钟左右☐
④接近1个小时☐　⑤1小时以上☐

C. 我在校外参加体育锻炼的地点主要在：
(1)平时_____　(2)双休日_____（请填入下列代码）
①学校体育场馆☐　②公共体育场馆☐　③室内☐
④公园、广场☐　　⑤收费体育场所☐

D. 最近一年，在进行体育锻炼时接受专门人员指导：
①始终没有☐　②1次☐　③2次☐　④3次☐　⑤4次或以上☐

E. 我同学跟我一起进行体育锻炼的情况是：
①每天1次☐　②每周1~2次☐　③每月1~2次☐　④基本没有☐

F. 我在校外参加体育锻炼主要是：
①一个人☐　②与好朋友、同学☐　③与父母☐　④其他☐（请填写）____

G. 我在校外参加体育锻炼的时间段一般是在：
①早上☐　②上午☐　③傍晚☐　④吃完晚饭之后☐

H. 我在校外坚持身体锻炼的时间：
①不到半年☐　②半年到1年☐　③1~2年☐　④2~3年☐　⑤3年☐　⑥4年☐

I. 我在校外参加体育锻炼的主要项目是：(可多选)
①羽毛球☐　②乒乓球☐　③足球☐　④篮球☐
⑤排球☐　⑥网球☐　⑦健美操、舞蹈☐　⑧太极拳、武术套路☐
⑨散步☐　⑩保龄球☐　⑪跑步☐　⑫滑板、独轮车、轮滑(滑旱冰)☐
⑬游泳☐　⑭瑜珈☐　⑮跳绳☐　⑯爬山☐　⑰利用健身器锻炼☐
⑱仰卧起坐☐　⑲其他(请填写)_____

二、你认为阻碍你参加体育锻炼的原因是：

原　因	非常符合	比较符合	不能确定	不太符合	很不符合
1.因为文化课的学习任务太重,没有时间参加体育锻炼					
2.因为家里的经济条件不允许我花钱去收费场馆锻炼身体					
3.因为学业紧张,老师、家长不允许我参加体育锻炼					
4.因为我不知道如何锻炼身体					
5.因为体育课在整个课程中重要性不大					
6.因为家里的经济条件不允许我花钱去购买需要的体育器材					
7.因为缺少一起锻炼的同伴					
8.因为我的运动能力差					
9.因为体育课常被其他活动占用					
10.因为家里的经济条件不允许我花钱去参加课外的体育活动					
11.因为学校附近没有方便使用的锻炼场所					
12.我没有参加体育锻炼的习惯					
13.因为学校的各种优秀奖励与体育成绩的关系不大					
14.因为家里的经济条件限制,家长不带我参加户外体育活动					
15.因为课外体育锻炼缺乏专人的指导					
16.因为我不喜欢体育活动					
17.因为没有体育单项奖,对我不构成激励作用					
18.因为玩电脑游戏或看电视占用了我余暇时间					
19.因为我担心锻炼时受伤					
20.因为学校未对体育活动作硬性的规定					
21.因为我觉得体质健康和体育锻炼没什么关系					

附录三　缩略语中英文对照表

缩略语	英文全称	中文全称
IC	Indirect calorimetry	间接测热法
DLW	Doubly labeled wate	双标水法
AC	Accelerometry count	加速度记数
ACx	Accelerometry counts of axis X	冠状轴加速度记数
ACy	Accelerometry counts of axis Y	矢状轴加速度记数
ACz	Accelerometry counts of axis Z	垂直轴加速度记数
ACh	Horizontal accelerometry count	水平综合加速度记数
VM	Vector magnitude	三轴综合加速度记数
CSA	The Computer Science and Applications activity monitor	Actigraph 单轴加速度计全称
ICC	Intraclass correlation coefficient	组内相关系数
ACSM	The American College of Sports Medicine	美国运动医学协会
CDC	Centers for Disease Control and Prevention	美国疾病控制中心
LPA	Light physical activity	轻度体力活动
MPA	Moderate physical activity	中度体力活动
VPA	Vigorous physical activity	重度体力活动
MVPA	Moderate to vigorous physical activity	中高强度体力活动
TPA	Total physical activity	总体力活动量
PAEE	Physical activity energy expenditure	体力活动能耗
ROC	Receiver Operating Characteristic	接受者工作特征曲线
SWA	SenseWear Armband	BodyMedia 公司可穿戴式身体活动感测记录仪的感测装置

附录四 实验测试记录表

ID：　　　　姓名：　　　　生日：　　　　身高：　　　　体重：

日期：　　　　　　　　　优势手：

室温：　　　　湿度：　　　　吸烟史：　　　　最近一周有无生病：

实验记录

平躺：身体放松，自然平躺	10min	实验起止时间：
步行：3.2km/h、4.0km/h、4.8km/h、5.2km/h 分别进行 400 米步行，期间休息 5min	50min	实验起止时间：
伏案（书写，上网）	10min	实验起止时间：
跑步：6.4km/h、7.0km/h、8.1km/h 和 9.0km/h 进行 400 米跑，期间休息 5min	50min	实验起止时间：
骑自行车：10km/h、13km/h、15km/h 和 20km/h 四个速度（转速分别为 39 l/min、52 l/min、60 l/min 和 80 l/min）分别骑 3 分钟，四个速度连续进行测试，测试后休息 5min。功率自行车设定：$f_u=0.02, m(kg), V(km/h)$，$P=m\times f_u \times V \times 9.8 \times 1000/3600$ $=m\times V \times 0.054$	20min	实验起止时间：
爬楼梯：以节拍器为基准，分别以 100 步/min、120 步/min 步频和全力冲刺速度上下两次楼梯台阶高度 __16__ cm	30min	实验起止时间：
仰卧起坐/俯卧撑，5 个一组，共计三组	5min	实验起止时间：

实验结束，整理数据，关闭实验设备

致　谢

　　本研究是在武汉体育学院郑伟涛教授和国家体育总局运动营养中心伊木清研究员的悉心指导下独立完成的。两位导师治学严谨、学识渊博、兢兢业业、德为人先、行为世范的人格魅力，为我的学习和生活营造了一种良好的精神氛围。授人以鱼不如授人以渔，置身其中，耳濡目染，潜移默化，让我受益匪浅。感激之情纵万语千言难写微茫，唯有铭记导师之言于心，时刻鞭策我自省而催我进取。师恩无限，无以回报，永远感激您！

　　由衷感谢国家体育总局运动营养中心王启荣研究员和刘遖西实验员在实验设计、实施过程中给予的指导和帮助，两位老师利用大量休息时间对实验方案进行反复修改与论证，你们辛苦了！

　　感谢武汉体育学院健康科学学院和体育工程与信息技术学院的博士和硕士研究生的支持与帮助，尤其是在体质测试和数据处理方面的大力协助，谢谢你们！

　　感谢北京体育大学、武汉体育学院、中山大学、广州大学800名同学在大学生体质测试过程中的配合和支持！

　　十年磨一剑，厚积而薄发！感谢一直以来求学经历给我的历炼，唯有在历炼中不断积累、不断超越，才能成就人生的灿烂辉煌！

刘丹松

2015 年 5 月